OBRA ATUALIZADA CONFORME
O **NOVO ACORDO ORTOGRÁFICO**
DA LÍNGUA PORTUGUESA.

Dados Internacionais de Catalogação na Publicação (CIP)
(Câmara Brasileira do Livro, SP, Brasil)

Barreto, Tiago
   Manual do roteiro para comerciais: Transformando ideias em grandes filmes / Tiago Barreto. – 3ª.ed.rev. atual.-- São Paulo: Editora Senac São Paulo, 2015.

   Nota: Versão atualizada do livro: Vende-se em 30 segundos: manual do roteiro para filme publicitário.

   Bibliografia.
   ISBN 978-85-396-0857-7

   1. Filme publicitário - Roteiros 2. Marketing – Filmes comerciais 3. Propaganda – Filmes comerciais I. Título.

15-301s   CDD-659.14
                                 BISAC PER000000
                                       BUS002000
                                       BUS043000

Índice para catálogo sistemático:
1. Filmes publicitários : Roteiros : Manuais   659.14

1ª edição: 2004
2ª edição: 2010
3ª edição revista e atualizada: 2015

do roteiro para comerciais
TRANSFORMANDO IDEIAS EM GRANDES FILMES

3ª edição revista e atualizada

Tiago Barreto

Editora Senac São Paulo – São Paulo – 2015

Administração Regional do Senac no Estado de São Paulo
Presidente do Conselho Regional: Abram Szajman
Diretor do Departamento Regional: Luiz Francisco de A. Salgado
Superintendente Universitário e de Desenvolvimento: Luiz Carlos Dourado

Editora Senac São Paulo

Conselho Editorial: Luiz Francisco de A. Salgado
Luiz Carlos Dourado
Darcio Sayad Maia
Lucila Mara Sbrana Sciotti
Jeane dos Reis Passos

Gerente/Publisher: Jeane dos Reis Passos (jpassos@sp.senac.br)
Coordenação Editorial: Márcia Cavalheiro Rodrigues de Almeida (mcavalhe@sp.senac.br)
Comercial: Marcelo Nogueira da Silva (marcelo.nsilva@sp.senac.br)
Administrativo: Luís Américo Tousi Botelho (luis.tbotelho@sp.senac.br)

Preparação de Texto: Beth Griffi
Revisão de Texto: Adalberto Luís de Oliveira, Eliana Bighetti Pinheiro,
Ivone P. B. Groenitz (coord.), Jandira Queiroz, Leticia Castello Branco
Elaboração de Textos Institucionais: Luiz Carlos Cardoso
Projeto Gráfico: Antonio Carlos De Angelis
Editoração Eletrônica: Veridiana Freitas
Capa: Veridiana Freitas
Impressão e Acabamento: Intergraf Indústria Gráfica Eireli

Todos os direitos desta edição reservados à
Editora Senac São Paulo
Rua 24 de Maio, 208 – 3º andar – Centro – CEP 01041-000
Caixa Postal 1120 – CEP 01032-970 – São Paulo – SP
Tel. (11) 2187-4472 – Fax (11) 2187-4486
E-mail: editora@sp.senac.br
Home page: http://www.editorasenacsp.com.br

© Tiago Barreto Dias da Silva, 2004

Sumário

Nota do editor 7

Dedicatória 9

Introdução 11

O roteiro e seu contexto 17

Preparando-se para começar 27

Roteirizando 43

Finalizando 131

Conclusões 147

Glossário 149

Bibliografia 155

Índice geral 157

Nota do editor

A ideia de conceber um livro que viesse auxiliar estudantes e profissionais recém-formados surgiu da necessidade do próprio autor, que, em início de carreira, buscou a teoria e a prática em livros de propaganda, sem sucesso. O único caminho possível foi o do aprendizado empírico.

Tiago Barreto transmite esse conhecimento para aqueles que, como ele, têm interesse em aprender por meio de exemplos, ideias e pesquisa "sobre comunicação, cinema, linguagem, semiótica, e a adaptação disso tudo à linguagem do comercial de tevê".

A presente obra não pretende esgotar todos os aspectos do roteiro para comercial, mas certamente representa um atalho na intrincada jornada de quem está ingressando no mundo da propaganda: aponta procedimentos e estratégias que permeiam a concepção de um roteiro eficiente para comerciais, focalizando, sobretudo, a força para causar impacto, persuadir, vender a mensagem; pretende antes ser o ponto de partida para discussões – e não uma fórmula – sobre o desenvolvimento da estrutura do roteiro e das técnicas do profissional roteirista.

Mais um título do Senac São Paulo que contribui para melhorar a formação profissional.

Dedicatória

À *minha família.*
Apoio e inspiração para cada segundo do meu roteiro.

Introdução

Antes de começar a falar sobre roteiro, quero responder alguns porquês que você já pode ter se colocado. Porquê número um: Por que eu escrevi um manual de roteiro para comerciais de tevê? Porquê número dois: Por que você, leitor, pode confiar neste manual? E porquê número três: Por que ninguém pensou em escrever este livro antes?

Cursei publicidade e propaganda na Escola de Comunicações e Artes da USP, fiz especialização em roteiros de curta e longa-metragens na Escola Internacional de Cinema e Tevê de Cuba. Já no primeiro ano do bacharelado, comecei a estagiar em uma grande agência de propaganda. A cada aula de criação na faculdade e a cada novo job na agência, eu me interessava mais e mais pelo planejar–criar–produzir comerciais. A linguagem me fascinava. As ideias vinham, mas as técnicas me atormentavam.

Eu tinha apenas uma vaga ideia de como organizar um diálogo, de como pensar as cenas, da mecânica da construção de um personagem, de como calcular o tempo, como fazer o packshot (o que era packshot?).

Fui atrás de livros de apoio, livros que trouxessem a teoria, a prática, enfim, algum tipo de conhecimento sobre o assunto. Encontrei diversos livros de propaganda, de cinema, mas todos falavam de roteiro em apenas uma ou duas páginas. Li e reli todos os anuários de propaganda, tanto nacionais quanto internacionais. Praticamente decorei os roteiros de alguns deles. Mas ali, embora tenha valido muito a pena, encontrei apenas o resultado final do trabalho de criação do filme. Li os roteiros prontos, não tinha a menor ideia do processo de criação das peças.

Convencido de que meu aprendizado teria de ser na marra, na base do faz–refaz–reprova–reprova–aprova, continuei lendo anuários, assisti a filmes premiados e filmes difamados, li sobre cinema, troquei ideias, pedi ajuda e, acima de tudo, escrevi muitos roteiros. Muitos mesmo. A cada job, uns quarenta, cinquenta. Assim, fui pegando a prática. Os roteiros começaram a ser aprovados, produzidos e veiculados. Com quatro anos de carreira, fiz roteiros que viraram filmes para grandes clientes, nacionais e internacionais. Eu ia me aperfeiçoando, apurando técnicas, descobrindo caminhos e, por vezes, sofrendo. Novamente, pensei na dificuldade que era aprender apenas na prática. Como seria bom se houvesse um livro, um assistente do Word, alguma coisa que ajudasse... Pensei também em todo mundo que iria agradecer se essa ajuda existisse: estudantes, novos profissionais, gente que tem pouco tempo a perder, mas muito a aprender. Então, por que eu não podia ser o autor desse livro?

Assim, devo ter respondido os dois primeiros porquês: escrevi um manual de roteiro para me ajudar e para ajudar você. Sei que esse assunto tem público. Tem gente interessada passando pelas dificuldades por que eu passei. Sobre o segundo porquê, se você pode confiar neste manual, você pode. Isso porque ele não representa a palavra final sobre roteiro de comerciais, mas um bom pedaço de caminho na busca disso. Caminhos descobertos no tapa, na prática. E cada tapa que tomei virou um capítulo do livro. Pois é, foi uma pancadaria. Este é um livro escrito a partir de experiências do que de teorias. E, aliás, este livro que você tem em mãos já é a terceira versão da edição original. Agora, as mudanças foram muito maiores. Na primeira edição, lançada em 2006, a internet praticamente não existia como meio de veiculação de comerciais. Os comerciais tinham secundagem padrão de 30 segundos. Atualmente, tudo é diferente. O livro que antes se chamava *Vende-se em 30 segundos: manual do roteiro para filme publicitário* teve que mudar o título, os 30 segundos viraram 5, 30, 45, 50 segundos não há mais um padrão tão definido. A cada ano tudo fica mais complexo. E depois de outros muitos jobs, muitas novas experiências, mais e mais referências, cheguei neste livro, que é o material mais completo que existe no mercado sobre o assunto. Nele você encontrará diversos exemplos e ideias, métodos de organização didática e, claro, muita pesquisa sobre outros tipos de roteiro, sobre comunicação, cinema, linguagem, semiótica, e a adaptação disso tudo à linguagem do comercial para tevê, cinema e internet. Afinal, o roteiro para filme publicitário, como forma de comunicação e história para ser filmada, exige um esforço de visualização ainda maior na organização de seus elementos.

No geral, apresento as diversas etapas envolvidas na elaboração de um bom roteiro para comerciais, tratando como eficiência sua força para provocar impacto, emocionar, persuadir e vender a mensagem. É um guia com informações que levam a discussões sobre o desenvolvimento da estrutura do roteiro, e também das técnicas do profissional roteirista.

No capítulo "O roteiro e seu contexto", falo sobre o que vem antes do roteiro – o filme –, digo como o roteiro está inserido no plano publicitário e por que ele é uma ferramenta tão importante no plano de marketing da empresa.

Em "Preparando-se para começar", abordo elementos importantes de se conhecer antes de começar a roteirizar, como o briefing, o cliente, o produto, o espectador e o meio onde o filme será veiculado.

O capítulo "Roteirizando" pode ser considerado o grande propósito do livro. Nele, eu discuto processos de elaboração e organização dos diversos elementos da estrutura do roteiro para filme publicitário, como cenas, diálogos, locução, trilha, packshot, personagens, narrador. São mais de trinta itens.

Em "Finalizando", apresento as últimas etapas na elaboração do roteiro, como, por exemplo, método de análise e suas formas de apresentação.

Depois você vai encontrar o "Glossário", que pode ser muito útil para tirar dúvidas quanto aos termos usados pelos profissionais da propaganda e do cinema, e o "Índice geral". Neste índice eu listo todos os tópicos abordados no livro. Use-o como um atalho para ir direto ao assunto que você deseja consultar.

Há também uma parte do livro que não está aqui. É o blog http://manualdoroteiro.wordpress.com. Por meio dele você pode entrar em contato comigo para tirar dúvidas e ter acesso à maior parte dos filmes que menciono aqui, na forma de roteiros.

E sobre o terceiro porquê, boa pergunta. Se um dia você descobrir a resposta, escreva um livro. Eu compro.

O roteiro e seu contexto

O FILME PUBLICITÁRIO

Não há comunicação sem organização. A fala, a escrita, a mímica, as imagens, o código morse, toda forma de diálogo do ser humano só funciona se for inteligível. É preciso que todos falem a mesma língua, concordem com os mesmos sinais, ou podem levar à formação de uma eterna Torre de Babel.

Cada narrativa, seja um sonho, a B*íblia* ou uma fofoca, tem uma estrutura. Basicamente, ela é dividida em começo, meio e fim, mas pode variar muito de categoria para categoria. Cada uma tem alguns pontos particulares e fundamentais para que seja considerada uma boa história. Esses pontos e sua organização ficam ainda mais importantes quando a trama vai ser filmada. Stanley Kubrick, um dos maiores diretores da história do cinema, dizia que se uma história não consegue ser bem escrita ou pensada, não pode ser filmada.

Assim, o filme, como toda história, é uma ação dramática com início, meio e fim, só que com uma sequência de imagens ou cenas, para exibição em uma tela.

O filme publicitário é também uma ação dramática com início, meio e fim. Também por meio de uma sequência de imagens ou cenas, para projeção em uma tela. Pelo simples fato de ser publicitário, contudo, é um filme para vender. É esse o ponto fundamental: vender um produto, uma ideia, um posicionamento, um candidato a presidente da República. Vender qualquer coisa. Mas tem que vender.

O FILME PUBLICITÁRIO COMO FERRAMENTA DE MARKETING – DA TEVÊ À INTERNET

Televisão é massa. Sua linguagem visual e auditiva não encontra obstáculos mesmo em um país continental, como o Brasil. A evolução tecnológica leva o sinal de tevê a todas as regiões, do alto Amazonas à fronteira com o Paraguai. O aparelho que antes era luxo apenas das classes mais favorecidas, apenas de quem fazia parte, no mínimo, da classe média, hoje está praticamente em todos os lares do país. São aparelhos de tela gigante, tela plana, imagem 3D, tecnologia interativa, o brasileiro está definitivamente inserido no entretenimento trazido pela televisão.

A televisão brasileira, tendo-se em vista a qualidade técnica da programação e o dinheiro investido, é das mais desenvolvidas do mundo. Seu papel social é inegável. Hoje, ela é o veículo de comunicação que mais exerce influência sobre a sociedade, por meio de filmes, novelas, seriados, *reality shows*, telejornais, desenhos animados. Essa influência abrange aspectos psicológicos, morais, econômicos, políticos, criativos, culturais e educacionais da vida do indivíduo comum.

De alguns anos para cá, no entanto, muita coisa tem mudado. Há 15 anos, o maior poder da tevê estava nos canais abertos. Hoje, as possibilidades são muito maiores. Os canais a cabo, segmentados, não param de crescer em audiência. Serviços de filmes por assinatura conquistam cada vez mais adeptos. Vídeos por streaming, via internet, são acessados na tela da tevê.

Cada vez mais, o consumidor tem opções para assistir apenas o que lhe interessa. E, não é segredo para ninguém, propaganda não é um de seus principais interesses quando está se divertindo assistindo tevê.

Antes dessa verdadeira revolução, quem decidia o que o espectador veria na tevê era a emissora. As opções eram limitadas, a mesma fórmula e estilo de programação se repetia em todos os canais. E mais: o computador, os notebooks, o mobile ainda não tinham essa força que têm agora. Essa presença em todas as camadas da sociedade, do mais pobre ao mais rico. Atualmente, o número de celulares e smartphones no Brasil já é quase o mesmo número de habitantes do país. Um absurdo! Que não para de crescer.

Até a ascensão definitiva da internet, só o cinema oferecia as mesmas possibilidades que a tevê, considerando o que é atrativo num comercial: propaganda para ver e ouvir. Agora, tudo se integra. Até o jornal, antes restrito a textos e imagens estáticas, pode ampliar a experiência do leitor com imagens em movimento: basta um QR Code e um smartphone. O leitor pode acessar vídeos das matérias, galerias de imagens, áudios, informações adicionais. E, por que não, comerciais.

Não existem mais mídias independentes. Tudo se integra, tudo conversa, uma mídia completa a outra. O que é denominada, na publicidade, de campanha 360 graus, aquela que engloba todas as mídias, todas as plataformas, acontece muito mais fácil e rapidamente no dia a dia de qualquer pessoa. Seja uma notícia, seja um entretenimento, tudo passa por diversas formas.

Nessa nova realidade, multiplicaram-se também as formas do comercial, do filme publicitário. Sim, antes era tudo mais fácil: o formato era 15 segundos, 30 segundos, ou 1 minuto, para ser exibido na tevê aberta ou no cinema. Atualmente temos comerciais para tevê, para internet e novos formatos também para cinema. Cada meio possibilita uma duração diferente. Há casos em que o consumidor pode, simplesmente, escolher não ver o comercial. E todos esses formatos não têm surgido apenas por causa do avanço tecnológico. Os publicitários também colaboram com a criatividade.

Criam-se comerciais que são verdadeiras histórias. Miniséries, webseries, storytelling, storydoing. Propagandas que começam na tevê e continuam na internet, e vice-versa. Filmes de 5", e que são muito mais do que vinhetas. Ideias poderosas em formatos simples. Agora o consumidor também participa dos comerciais, ele nos ajuda a criar. Os 30 segundos já não são suficientes para transmitir uma mensagem, as marcas precisam de mais tempo para encantar. Os consumidores querem comerciais que tragam algum tipo de entretenimento, de diversão, não apenas a venda descarada. Os publicitários não querem ter o limite da secundagem para contar uma história. Por tudo isso, a solução digital é a mais adotada nos últimos tempos enquanto a tecnologia avança entre os consumidores. Há diversos exemplos de grandes comerciais, grandes cases, que foram criados para serem veiculados na internet mas, depois do grande sucesso, acabaram indo também para a tevê.

Tudo está mudando, sem parar. Mas, o intuito continua o mesmo. Em todos os novos formatos de comerciais, seja qual for a plataforma de exibição, o objetivo é seduzir, conquistar e vender.

ETAPAS NA CONSTRUÇÃO DO FILME PUBLICITÁRIO

O filme publicitário começa no momento em que o cliente escreve o briefing, e deve continuar até depois da sua veiculação, como veremos adiante. Sua construção envolve cliente, agência, produtoras, institutos de pesquisa, enfim, todos os profissionais de cada uma dessas empresas e até seus amigos e familiares. O processo todo pode levar uma semana ou meses, dependendo da complexidade da ideia, da produção e da verba disponível e, principalmente, do prazo do cliente. Cada etapa tem sua importância e, quando se quer um nível de qualidade acima da média, nenhuma delas pode ser descartada:

1. Elaboração do briefing pelo cliente.
2. Apresentação e discussão do briefing com a agência.
3. Criação do roteiro.
4. Aprovação pelo diretor de criação.
5. Formatação da apresentação (storyboard, concept board, animatic, monstro).
6. Reunião de apresentação ao atendimento.
7. Apresentação ao cliente – aprovação (ou reprovação) e alterações.
8. Escolha da produtora e do diretor.
9. Briefing para produtoras.

10. Apresentação, pelas produtoras, do orçamento à agência.
11. Apresentação do orçamento ao cliente e aprovação do orçamento.
12. Reunião de pré-produção.
13. Reunião de produção.
14. Filmagem.
15. Montagem bruta.
16. Colocação da trilha sonora.
17. Montagem final.
18. Apresentação à agência – aprovação e alterações.
19. Apresentação ao cliente – aprovação e alterações.
20. Envio aos veículos – tevê, internet, cinema.
21. Veiculação.

O QUE É ROTEIRO?

"Cena de um homem dirigindo para casa. Ele relembra o momento em que foi demitido. O clima é de tensão, o personagem está abatido, sua visão é turva, chove na cidade. Chegando em casa, ele se dirige para um pequeno quarto escuro e prepara uma forca. A tensão do filme se acentua. O homem sobe em um banquinho e tira o terno. Nesse momento, a câmera tira o foco de nosso personagem. Ouve-se o barulho do banquinho sendo derrubado. Silêncio. O homem, porém, sai do quarto, tranquilamente, só de cuecas. A câmera revela que, na verdade, ele enforcou suas roupas. Uma locução em off conclui algo como: 'Não arrisque seu sucesso. Use roupas Tal'. Entra assinatura e logo da loja de roupas Tal."

Essa história é um raff de roteiro. O roteiro publicitário é a organização das ideias do criador, a representação do cenário de um sonho, feito para vender um produto. Tecnicamente, é um texto sintético, baseado no argumento, de cenas, sequências, diálogos e indicações técnicas de um filme. Esses elementos, que o roteiro traz ordenados e relacionados entre si de forma dinâmica, são distribuídos entre as três unidades da ação dramática segundo Aristóteles: tempo, espaço e ação. Quando essas três unidades da ação, as três partes do todo – o roteiro –, são organizadas, forma-se uma estrutura linear, ou seja, a forma do roteiro. Estrutura vem do latim *structura*, que significa disposição e ordem das partes de um todo. Assim, o roteiro é uma estrutura. Um esqueleto.

Émile Benveniste[1] dizia que uma mesma história pode ser contada por diferentes meios (romance, rádio, filme, peça de teatro, história em quadrinhos, etc.), enquanto o discurso é específico a cada um deles: nesse nível, o que importa não são os acontecimentos relatados, mas a maneira pela qual o narra-

---

[1] Émile Benveniste, *Problemas de lingüística geral* I (4ª ed. Campinas: Pontes, 1995).

dor os traz até nós. Assim, imaginamos que existem diferenças entre o roteiro para comerciais e outros tipos de roteiro.

O roteiro para teatro e cinema, por exemplo, conta a história de modo detalhado. Ele se preocupa com os pormenores de cada cena, com as ínfimas características de cada personagem, com cada ruído. Esse roteiro busca ser o filme ou a peça escritos. Quando lido por diferentes pessoas, todas imaginam o produto final quase da mesma maneira. Por sua riqueza de detalhes, esse tipo de roteiro guia a imaginação do leitor para caminhos bem definidos. Ele não é feito para o leitor criar.

O roteiro para filme publicitário, ao contrário, conta a história de um modo sintético. Não só por causa de seu tempo curto, mas porque ele traz descrições mais genéricas, de ruídos e posições de câmera, por exemplo. Ele permite ao leitor – o cliente, principalmente – criar, imaginar caminhos. Além de apresentar uma situação dramática, ele precisa deixar "brechas" para que o cliente entre na história, imagine-a à sua maneira, sinta-se seduzido e, assim, aprove-a.

O roteiro é a linha guia do filme. É sua matéria-prima bruta. A ideia. De preferência, a grande ideia.

Preparando-se para começar

ROTEIRO: TAREFA DO REDATOR, DO DIRETOR DE ARTE OU DA DUPLA?

Atualmente, existe nas agências de publicidade a ideia de que escrever roteiro é tarefa de redator. Pode até ser. Afinal, nenhum diretor de arte é obrigado a dominar recursos de linguagem ou qualquer outra técnica de escrita envolvida na peça publicitária.

Mas há exceções. Por exemplo, um diretor de arte com quem trabalho. Diversas vezes me envia ideias de roteiros em plena madrugada. Essa é a parte ruim. A parte boa é que não são ideias jogadas, mal escritas. Ele manda os roteiros quase prontos, decupados, absolutamente claros. O que falta é revisar e ajustar uma coisa ou outra. Não é à toa que esse diretor de arte se tornou diretor de criação.

Escrever o roteiro, porém, é apenas a última fase de sua elaboração. É a fase técnica. Há alguma coisa que vem antes do conhecimento sobre como se constroem diálogos eficientes e como se separam cenas. Essa "coisa" é o elemento básico do roteiro, é do que depende a elaboração de sua estrutura. A coisa é a ideia. E com a ideia não há discussão: em uma campanha, ela é responsabilidade tanto do redator quanto do diretor de arte.

Pensando simples: alguém escolhe a carreira de redator porque cria melhor pensando com palavras. Ao contrário, quem escolhe a carreira de diretor de arte deve criar melhor pensando em imagens. Filme é palavra, imagem e áudio. Tudo o que envolve comunicação e impacto, tudo o que cria emoções e persuasão pode ser elemento do roteiro. Assim, todo mundo que cria – não importa a direção, forma ou tendência – pode criar um roteiro.

A matéria-prima principal da ideia é o cotidiano. O coco caindo em cima do carro, a sede por refrigerante de uma mulher na praia, o portador de necessidades especiais jogando basquete, o pedestre tentando matar uma barata, qualquer situação do dia a dia pode resultar em um roteiro brilhante. Claro que o redator tem dia a dia. O diretor de arte também. E os dois, supõe-se, têm sensibilidade para identificar uma boa ideia e desenvolvê-la criativamente. Então, ambos podem pensar no roteiro.

"Era uma vez...", quem nunca ouviu ou contou uma história? Quando crianças, somos submetidos a *overdoses* de *Branca de Neve*,

Bela Adormecida, *Pinóquio*, *Simbad, o Marujo*. Na adolescência, a maioria das histórias fala sobre festas, viagens, encontros entre amigos. Alguns anos depois, elas tratam de trabalho, família, viagens, política. A vida é toda história. O começo, o meio e o fim, elementos básicos de qualquer narrativa, estão presentes em cada momento do ser humano. E tanto o redator quanto o diretor de arte, como pessoas informadas e instruídas que são, sabem organizar o pensamento, as piadas, uma palestra, em começo, meio e fim, elementos básicos do roteiro. Então, ambos podem pensar no roteiro. Criá-lo não passa de contar uma história.

No roteiro, a palavra do redator e a imagem do diretor de arte, ou seja, a linguagem escrita (ou falada) e a visual, devem complementar-se para dar à ideia o máximo de força publicitária. Não há tempo para falhas ou riscos. Cada segundo na mídia vale ouro. Procure saber o preço, para comprovar. É essencial, portanto, que você reúna todos os artifícios de impacto, sedução, persuasão e venda e, buscando harmonia, misture-os para criar o filme publicitário.

Feita a criação em dupla, lembre-se: toda técnica tem um especialista. O mecânico sabe tudo sobre consertar motor. O açougueiro, tudo sobre carne. O que não significa que, às vezes, o açougueiro não possa consertar um motor ou o mecânico não possa cortar uma peça de carne. O mesmo ocorre com a dupla de criação. Durante a construção do roteiro, cada um faz o máximo dentro de sua especialidade: o redator busca conceitos, imagina diálogos, pensa na assinatura, cria sensações por meio de palavras, enquanto o diretor de arte complementa pensando no cenário, nas cores, na iluminação e no figurino, seduzindo por meio de imagens. O roteiro é o resultado dessa interação. Como ocorre com o mecânico e o açougueiro, pode acontecer uma mudança de papel: o redator ter ótimos insights com imagens, ou o diretor de arte criar um diálogo perfeito.

Na opinião do mercado, o profissional de criação deve saber cumprir cada exigência do job. Ele deve ser como um jogador de futebol que sonha ir para a seleção: joga em qualquer posição. Assim, quando aparecer um roteiro para criar, seja polivalente. Esqueça o cargo discriminado em sua carteira de trabalho e pense em tudo, do texto à imagem, da trilha ao silêncio, do início ao fim. Se você não fizer isso, vai aparecer alguém que faça. E aí seu único job será procurar outro emprego.

Roteiro: tarefa do redator, do diretor de arte ou da dupla. Sem ponto de interrogação.

O BRIEFING

A primeira etapa de um roteiro publicitário é feita antes de escrevê-lo: ler, entender, destrinchar o briefing. O briefing é um dos elementos que fazem que o roteiro para filme publicitário seja tão diferente do roteiro para cinema. Ele traça limites para o roteirista, apresenta algumas ideias que devem constar no filme a ser produzido, delimita o tempo. À primeira vista, parece uma camisa de força.

O briefing do roteiro para filme tem alguns itens comuns às outras peças publicitárias. O criativo deve entender e analisar pontos como:

- cliente;
- produto;
- preço do produto;
- target;
- objetivos do filme a ser criado;
- pontos fortes e pontos fracos do produto;
- diferenciais do produto;
- concorrência;
- problemas;
- oportunidades;
- participação de mercado;
- composição;
- embalagem;
- percepção do consumidor.

Especificamente, o briefing para filme publicitário deve apresentar também:

- tempo do filme;

- verba para produção (quando possível);
- período de veiculação (quando possível).

Entendendo o briefing e todos os seus itens, você pode começar a imaginar alguns caminhos para o roteiro, ao mesmo tempo que descarta outros. Pelo target, você imagina a linguagem que deve usar. Pelos pontos fortes e fracos, o que deve valorizar e o que deve evitar, tanto sobre o produto como em relação à linguagem. Pelo tempo do filme, se a história deve ser enxuta ao extremo ou se pode ter um "molho". Pela verba para produção, se vale a pena você pensar em um roteiro com grande elenco ou em complicados efeitos especiais, caso o cliente tenha soltado a célebre frase "não tenho verba". Pelo período de veiculação, você começa a pensar nos assuntos que estarão na moda. Em época de Copa do Mundo, por exemplo, o consumidor sempre está mais simpático a ideias que envolvam o tema futebol.

Por fim, é no briefing que você encontra dois elementos principais – e mais difíceis de definir para o roteirista de cinema: o *assunto* e a *mensagem*. No roteiro para filme publicitário, o assunto já está definido bem antes de você começar a pensar na trama: o produto. E aquilo que se quer vender do produto será a mensagem.

Dessa maneira, ao deixar claro o que pode, o que não pode e até o que deve ser feito, o briefing pode ser encarado como um grande assistente, e não como uma camisa de força. Ele dá ao roteirista, de bandeja, inúmeros caminhos criativos e, delimitando a direção a ser seguida, evita que ele perca tempo trabalhando ideias e conceitos inadequados ou inviáveis para o cliente.

Lido e analisado o briefing, você já tem informações suficientes para começar a escrever o roteiro. Ainda existem, no entanto, quatro pontos que podem ser analisados mais a fundo para que você tenha uma ideia ainda mais original, interessante e certeira para os objetivos do cliente: o próprio cliente, o produto, o target (seu espectador) e o meio (a tevê).

O CLIENTE

Você daria uma camisa de time de futebol a alguém, sem saber para que time ele torce? Com o cliente acontece a mesma coisa. Antes de criar, antes de pensar em qualquer ideia para um produto – não só um roteiro –, conheça os gostos, valores, preferências do cliente. Também pode valer muito a pena saber a que o cliente tem verdadeira aversão.

Um amigo me contou esta história: um dia, em sua agência, apresentaram alguns roteiros para o novo cliente, uma faculdade particular. Assim, pensando no target desse produto – jovens na faixa dos 17 anos que vão fazer vestibular, classes A/B –, suas atitudes, seu gosto pela "zoeira", eles criaram três linhas de roteiro, todas bem-humoradas, pensando em chamar a atenção e criar uma empatia imediata com esse público. Foi com essa linguagem divertida que os objetivos e diferenciais do produto foram tratados. Pensaram na concorrência, no mercado, buscaram referências, mas eles ainda não conheciam o novo diretor de marketing da faculdade. Enquanto tinham aquela conversa pré-reunião, meio informal, esse novo diretor (que no espírito não tinha nada de "novo") deixou escapar que humor era para "escolinhas meia-boca". Seu negócio – dizia – era sério, acadêmico, e a comunicação deveria passar essa impressão. A equipe da agência, suando frio e prevendo algumas úlceras, escondeu os roteiros e pegou outros, mas todos giravam em torno do humor, da piada, do riso – o que, para a agência, tornou-se lamentação. Sem opção, apresentaram o que tinham. Até contaram os roteiros com um tom mais sério, fazendo todo o esforço do mundo para deixá-los completamente sem graça. Mas alguém riu. Pena que não foi o novo diretor. E a equipe da criação e do atendimento da agência teve o castigo por não conhecer o cliente: passar o final de semana pensando nele, no Sr. Novo Diretor, e criando novos roteiros.

A seguir, alguns tópicos que vale a pena você lembrar quando for criar seu roteiro:
- Cuidado com preconceitos.
- Que tipo de linha criativa o cliente espera?

- Saiba que tipo de emoção mais agrada o cliente: Humor? Drama? Terror? Suspense?
- Ele gosta de personalidades (atores, atletas, modelos famosos) em suas campanhas?
- Ele quer um filme de 30 segundos ou o produto nos 30 segundos?
- Como ele enxerga sua própria marca? Mais conservadora? Liberal? Totalmente insana?
- Se você tiver uma bola de cristal: como anda o humor do cliente?

Esses tópicos podem fazer de sua criação a cara-metade do cliente. Eles facilitam a aprovação de seu roteiro e poupam trabalho inútil. Aprovação, porém, não é tudo. O princípio básico da boa propaganda é ser surpreendente. Assim, se você tiver uma ideia brilhante, daquelas que todos, desde o *office boy* até o presidente da agência, entendem e ficam apaixonados, apresente mesmo assim. O cliente pode conseguir enxergar o valor de sua criação. Você praticamente vai ganhar na loteria e ele também – uma loteria em forma de vendas.

O PRODUTO

Em uma palestra, em uma reunião, em um papo de bar, para falar sobre um assunto é preciso conhecê-lo. O mesmo acontece com o produto para o qual você vai escrever o roteiro.

Conhecer, aqui, não significa apenas saber seu nome, sua função e a cor da embalagem. Significa saber desde quando foi criado até os planos que o fabricante tem para ele. As principais características do produto devem estar no briefing. Nem sempre, no entanto, elas são suficientes para se chegar a uma ideia brilhante. É hora, então, de lançar mão do método de pesquisa mais antigo e mais moderno que existe: a curiosidade.

O produto é como um programa de computador: quanto mais você o conhece, mais longe pode ir no projeto em que estiver trabalhando. Então, vá fundo em suas pesquisas. Saiba tudo sobre o produto e sobre seu ambiente. Navegue pela internet. Veja anuários. Assista a filmes premiados na categoria. Converse com o atendimento, com o cliente, com o consumidor. Conheça a história mercadológica do produto, para não criar algo já feito. Pense em seus atributos racionais e emocionais. Na tecnologia. Em seu valor emocional e racional. Nas cores. No logotipo. Olhe para seus detalhes. Sinta seu cheiro. Coma. Durma com ele. Para um roteirista, até a sogra deve ser musa inspiradora. Vale tudo para pensar diferente.

Prestando atenção nas formas do logotipo da marca, por exemplo, a equipe da DM9 desenvolveu o seguinte roteiro:

Agência: DM9
Cliente: Itaú Seguros
Produto: Itaú Vida
Título: Família

Imagem do "i" do logotipo do Itaú Seguros. Ele representa uma pessoa. Outro dele aparece (um pouco menor), representando outra pessoa, e outro, e outro, até formarem uma família.
LOC. OFF: Mais do que nunca, sua família precisa de tranquilidade. Mais do que nunca, você precisa de um Itaú Vida.
Um dos "is" forma o logotipo do Itaú Seguros.

O TARGET

Target é o espectador. A importância de conhecê-lo é a mesma de quando se cria para qualquer outro tipo de peça publicitária: fundamental. Você deve saber o que o target pensa, o que gosta e o que não gosta de ver, o que ele espera do produto, que pontos de sua personalidade são tocados mais facilmente. Aja como um psicólogo. Quanto mais você conhecer esse paciente-consumidor, mais fácil será entrar em sua mente e colocar lá dentro – na área de "produtos preferidos" – o seu produto. Conhecer o target é seguir normas como:

1. A não ser que o briefing peça, o filme publicitário não é feito para agradar pessoas de culturas, gostos e até ida-

des diferentes, como no longa-metragem. O filme de um BMW, por exemplo, deve ser visto por homens e mulheres classe A, de 25 anos ou mais, que estudam, trabalham, são antenados com o mundo. Busque, portanto, situações e ideias do cotidiano desse público, o target.

2. O espectador não é estático. Portanto, o filme também não deve ser. Quem gosta de imagens paradas, sem áudio, sem o mínimo movimento, lê revistas ou jornais. Aproveite o dinamismo da tevê, a interatividade da internet, e faça um roteiro dinâmico. Não induza o espectador ao sono.

3. Se você quiser mudar alguma atitude ou preconceito do target para vender seu produto, faça-o de maneira delicada. Ninguém gosta de receber ordens. Ainda mais de um produto (que é quem estará falando, no filme veiculado).

4. Não insulte a inteligência do espectador. Ideias idiotas, fórmulas gastas, diálogos vazios e exageros não transmitem credibilidade e tornam o filme uma arma contra ele mesmo.

5. Uma pessoa recebe, diariamente, por volta de dez mil mensagens. Seu filme será mais uma no meio desse montante absurdo. Então, seja claro, cuidadoso, seguro e impactante no roteiro.

6. É da natureza do ser humano querer ter mais *status* do que o restante da sociedade. Em seu roteiro, portanto, apresente o produto como algo que, além de um benefício pessoal, trará um benefício social. É o famoso "valor agregado", ou o atributo emocional do produto. E cuidado para não deixar parecer que o produto é "para todo mundo", por mais que o seja. O target adora ter algo que o vizinho dele não tenha.
7. O espectador quer que você o ajude a escolher. Ajudar não é escolher por ele. Então, faça seu roteiro de modo a não impor um comportamento. Isso soa arrogante.

O MEIO – TEVÊ, CINEMA E INTERNET

A porcentagem de filmes publicitários feitos para ser veiculados exclusivamente no cinema é insignificante. Assim, tratarei como meio de veiculação do filme e, portanto, como mais um aspecto fundamental para o roteirista, a televisão e a internet.

É quase impossível encontrar um cliente que peça um filme caríssimo, uma superprodução com efeitos especiais. No Brasil, a verba para propaganda das empresas está cada vez menor. Assim, o roteiro para filme publicitário deve originar um filme simples e de impacto.

Simplicidade e impacto são necessários pelo simples fato de que você está criando para propaganda. E propaganda precisa ser marcante, inteligível e memorável. Ponha memorável nisso! No filme publicitário, a discussão sobre o produto começa quando o filme termina. É por isso que se diz que ele deve continuar após o fim do comercial – na mente do consumidor. Deve continuar porque o consumidor deve lembrar do filme quando for ao supermercado, deve identificá-lo com fatos de sua vida, deve comentá-lo com os amigos, curtir e compartilhar nas redes sociais.

Além disso, a simplicidade e o impacto precisam existir no roteiro tendo em vista a forma de linguagem da tevê e da internet. O cinema é um meio com linguagem *monomórfica*, ou seja, um filme é a mesma coisa durante toda sua projeção, de cerca de duas horas, com o estilo do diretor, a história do autor, um gênero. Já a linguagem da tevê e da internet são *polimórficas*. Durante a programação da tevê ou a navegação na internet, temos diversos tipos de linguagem. Na tevê são novelas, filmes, programas jornalísticos e de entretenimento, comerciais, etc. Na internet estamos sempre vendo pop-ups, diversos links chamam a atenção, a todo momento são direcionados a outros sites, banners piscam na tela. Devido a essa linguagem polimórfica, o espectador é bombardeado por uma série de conceitos, imagens, gêneros e sensações desconexas, sem o mínimo de ligação entre si. Assim, submetido a uma avalanche de informações, ele só vai prestar atenção, e mais tarde lembrar, daquilo que realmente lhe parecer importante, agradável, essencial. Então, torne a ideia de seu roteiro – e, consequentemente, o produto – importante, agradável e essencial para seu público.

Na tevê, no meio de tantos comerciais, o seu deve ser surpreendente, para chamar a atenção. Na internet, deve ser atraente para que o internauta simplesmente olhe para ele, ou não o "pule", com o botão skip. Em ambos os meios, ele deve provocar impacto, para ser lembrado. Deve ser simples e claro, para que a mensagem – aderir a um produto ou a uma marca – seja facilmente entendida e assimilada, levando a uma ação do espectador. Deve provocar emoção, para que ele tenha vontade de ver o filme novamente e de comentá-lo com amigos. Deve ser absolutamente maravilhoso, para que ele não mude de canal e a compartilhe com os amigos.

Enquanto estiver escrevendo seu roteiro, lembre-se de que seu filme deve ser "o filme" do break, e não apenas mais um filme no meio de tantos outros que o consumidor vai ver durante o dia. Ele deve ser o contrário dos outros, seja por meio de uma ideia nova, de um formato surpreendente, de um impacto absurdo, de uma fotografia impecável de uma emoção exagerada de uma história que nos é contada por inteiro, que leva o consumidor a outra parte, e depois a outra, e a outra.

Enfim, coloque uma joia entre as bijuterias que vemos sendo veiculadas por aí.

Roteirizando

GÊNEROS

No cinema, todo roteiro tem um gênero. Ou até mais de um. O gênero é simplesmente uma questão de rótulo, mas pode ajudar a atrair o interesse do espectador. Pelo gênero do longa-metragem podem-se imaginar alguns de seus aspectos, como cenário e ritmo. Os gêneros mais comuns no cinema são: o drama, o policial, a comédia, a aventura, o terror, o musical, a ficção científica, o pornô e o infantojuvenil.

No roteiro para filme publicitário, porém, a classificação por gêneros pode ser feita de outra maneira. Em vez de aventura ou drama, o roteirista de comercial pensa em criar, por exemplo, um texto com humor. No comercial, a aventura pode confundir-se com o policial; o suspense com o terror; um drama pode ser comédia, aventura e musical ao mesmo tempo. Portanto, resumo a quatro os gêneros de comerciais, considerando o tipo de emoção que eles despertam no espectador: humor, suspense, drama e erotismo.

Não há uma regra para a escolha deste ou daquele gênero. Depende do produto, do cliente, daquilo que mais seduz o target. O importante é que sua ideia seja boa, que conquiste o público, independentemente de fazê-lo rir ou arrepiar-se. Apesar de não haver regra, no entanto, há produtos que praticamente incorporaram alguns gêneros, pois estes vêm se mostrando eficazes na conquista do target. Por exemplo: o erotismo nos comerciais de cerveja; o humor nos comerciais de tênis; o drama nos comerciais de instituições beneficentes. Não há uma categoria de produtos conhecida por seguir com frequência a linha do suspense em seus comerciais. O suspense está em quase todos os filmes, já que pressupõe surpresa. Afinal, surpresa é impacto. E impacto é o que todo cliente procura.

ESTILOS DE REALIZAÇÃO

Definir o estilo de realização é definir de que maneira a mensagem publicitária será comunicada. Por meio de depoimento? De demonstração? De uma narração? É fundamental que essa forma cumpra os objetivos do roteiro e, posteriormente, do filme: fazer a mensagem ser compreendida, persuadir e gerar recall. Partindo dessas premissas, Terence Shimp[2] identificou quatro estilos básicos de comercial, dependendo de o foco concentrar-se em um indivíduo, em uma história, em um produto ou em uma técnica. Cada estilo básico possui várias alternativas de realização, conduzindo a uma tipologia de onze categorias, que podem ser muito úteis para direcionar sua criação.

Orientado para o indivíduo

- Endosso de celebridades: mensagem de preferência, gosto, experiência pessoal ou conhecimento pessoal, apresentada por um indivíduo reconhecido como celebridade.
- Endosso de pessoa típica: mensagem de preferência, gosto, experiência pessoal ou conhecimento pessoal, apresentada por uma pessoa que não seja famosa.
- Porta-voz: mensagem de venda em formato de anúncio, apresentada por uma celebridade, mas sem fornecimento de um testemunho.

---

[2] Terence Shimp, *Propaganda e promoção: aspectos complementares da comunicação integrada de marketing* (5ª ed., Porto Alegre: Bookman, 2002).

- Personalidade: indivíduo foco do comercial está engajado em alguma atividade, mas não está dando endosso verbal ou testemunhal para o produto.

Orientado para a história

- Dramatização de vídeo off-camera: uma dramatização é desempenhada no comercial, retratando a vida ou o personagem por meio de diálogos ou ação, mas a mensagem de venda é fornecida por um locutor não envolvido na dramatização (em off).
- Dramatização de vídeo on-camera: a mensagem fundamental de venda é fornecida pelos atores da dramatização.
- Narração: uma história é apresentada no vídeo, enquanto um locutor discute o produto anunciado e relata o que está ocorrendo on-camera. A característica que diferencia narração e dramatização é que a história é contada, e não dramatizada.

Orientado para o produto

- Demonstração: o aspecto dominante do comercial é a demonstração das características do produto.
- Apresentação do produto: o produto é mostrado ou apresentado durante sua utilização, mas nenhuma característica sua é demonstrada.

Orientado para a técnica

- Fantasia: os comerciais empregam caracterizações e enredos criativos ou fictícios.
- Analogia: o produto é comparado, por analogia, a um item não relacionado (como um animal ou uma joia); ela é o foco do comercial.

A IDEIA

Você já leu o briefing, conheceu o cliente, o produto, o target, o assunto está claro, já foi coletado todo tipo de informação possível. É hora de criar. Relações, antíteses, metáforas, sinônimos, antônimos, imagens, palavras, sons, sentidos, nonsense, absurdo, vale tudo. É brainstorm na busca da ideia.

É ao redor da ideia que giram todos os elementos do roteiro. Ela nasce da curiosidade, do questionamento, da não aceitação de preconceitos, da inteligência, da imaginação, da observação, do abandono de certezas, da relação com o meio ambiente. Existem livros e livros sobre as teorias da ideia que apresentam desde técnicas imaginativas até explicações sobre por que o ser humano inventa. O fundamental, nesse momento, é você saber que as ideias estão no ar. Use a sensibilidade para enxergá-las e caçá-las.

Peter Brian Medawar, Prêmio Nobel de medicina em 1960, dizia que a mente humana lida com uma ideia nova do mesmo modo que o corpo trata uma proteína estranha: rejeitando-a. Evite essa rejeição; adapte-se à proteína estranha. Busque uma ideia original para seu roteiro. Onde e como, não importa. Leia, assista, ouça, veja, sinta, adivinhe, lembre. Aguce os sentidos. A originalidade pode garantir a atenção do público. Há comerciais que vendem por causa do produto, e outros, por causa da ideia. Que tal juntar as duas coisas e fazer de seu filme o melhor vendedor do cliente?

Às vezes, para fazer um roteiro, basta criar uma história para o conceito utilizado nas outras peças da campanha, como anúncios e spots. Nem sempre, contudo, isso fica bom. O resultado pode ter menos impacto ou até parecer forçado. Nesse caso, busque uma ideia nova, mas sem esquecer a linha da campanha, ou seja, suas características principais, como o tom, o tipo de humor (se tiver), a linguagem, etc.

Bom seria se existisse uma fórmula para ter ideias. Para quem tem talento, no entanto, alguns "macetes" para ajudar bastam. Destes, a associação é um dos mais eficientes.

Em seu *Redação publicitária*, Jorge Martins relaciona quatro tópicos que podem ajudar a chegar a um caminho interessante. Faça associação de ideias por:

- contiguidade ou proximidade de elementos, mesmo diferentes: pneu lembra carro/viagem/estrada/distância;
- semelhança ou suposição de significados: tartaruga lembra lentidão; fogo lembra destruição;
- sucessão ou decorrência de ideias, uma após a outra: nuvens escuras/chuva/chão imundo;
- contraste ou oposição entre ideias: frio/calor; dia/noite; grande/pequeno.[3]

Trabalhando por associação, as impressões e ideias acumuladas na mente afloram, complementam-se e possibilitam o surgimento de criações inéditas.

Ao contrário, com bloqueio, a mente não trabalha direito. Alguma coisa está inibindo sua criatividade? O mesmo autor relaciona itens que atrapalham a fluência da imaginação:

- o conformismo com o que se é, ou já está feito;
- o autoritarismo que impõe sempre a última palavra;
- o medo do ridículo, que receia a opinião dos outros;
- a intolerância pelo que é diferente ou tradicional;
- o medo dos riscos com mudança ou inovação;
- a hostilização das divergências, mesmo que benéficas;
- a não avaliação das ideias e reflexão sobre elas;

---

[3] Jorge S. Martins, Redação publicitária: teoria e prática (São Paulo: Atlas, 1997), p. 69.

- os sistemas normativos fechados que não admitem mudanças organizacionais.[4]

Esses tópicos são apenas conselhos e lembretes. Sinta-se livre para criar os seus. A liberdade é o *doping* da imaginação. Qualquer que tenha sido a ideia que você definiu para trabalhar e desenvolver sob a forma de roteiro, no entanto, tenha o cuidado de ser *claro*, *simples* e *objetivo* na expressão de seu pensamento, abordando um só tema e fazendo tudo convergir para ele.

SINOPSE

Sinopse vem do grego *synopsis* e pode ser traduzida como "vista de conjunto", como, por exemplo, um golpe de vista lançado sobre uma ciência, um objeto de estudo ou de pesquisa. Sinopse é uma narração breve, um resumo, um sumário, uma síntese. É o roteiro sem as divisões de cenas, as falas, as locuções. Ela é objetiva e traz apenas a ideia principal, descrita, é claro, de maneira interessante e vendedora, sedutora. Essa é a primeira forma do roteiro, nascida logo após a ideia. Na linguagem do cinema, diz-se que a sinopse é também o argumento da história, ou seja, sua alma, sua cabeça, sua defesa.

---

[4] *Ibid.*, p. 75.

É como um "rascunho do roteiro". Vale lembrar, porém, que, como é feita para ser lida, por mais que não caracterize um texto literário, é importante que ela tenha um texto claro e fluente.

Por ser uma representação primária do roteiro, já na sinopse podem-se identificar três atos narrativos fundamentais: apresentação, desenvolvimento e solução. Apesar de seu princípio ser a síntese, para que o leitor compreenda a história por completo é necessário que a sinopse contenha quatro elementos:

- Temporalidade: identificação da época em que se passa a história.
- Localização: Onde estamos? Na Lua ou dentro de um estômago? Toda história se passa em algum lugar.
- Percurso da ação: os acontecimentos devem ser interligados, colocados em uma sequência lógica.
- Desfecho: se a conclusão do filme for uma frase, redija-a da melhor maneira possível. Se o produto ainda não tiver uma assinatura, já faça um ensaio.

E não se esqueça do título. Toda história tem um. Além de ajudar você a identificar o roteiro, ele é necessário na autorização de veiculação que será passada à emissora de tevê, quando o filme estiver pronto para ser veiculado.

Agência: Mcgarrybowen, London
Cliente: Honda
Produto: Honda CR-V
Título: Ilusões

https://goo.gl/PqJlJ7

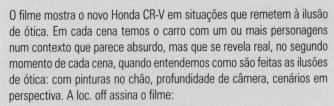

O filme mostra o novo Honda CR-V em situações que remetem à ilusão de ótica. Em cada cena temos o carro com um ou mais personagens num contexto que parece absurdo, mas que se revela real, no segundo momento de cada cena, quando entendemos como são feitas as ilusões de ótica: com pinturas no chão, profundidade de câmera, cenários em perspectiva. A loc. off assina o filme:
Honda CR-V. O impossível tornando-se possível.

SELEÇÃO DE SINOPSES

Uma das vantagens da sinopse é que ela ajuda a economizar tempo. Imagine que você teve uma idéia de roteiro brilhante, inovadora, genial. Será que ela é tudo isso mesmo? Então, antes de partir para o desenvolvimento, escrevendo cada cena, cada locução, desenvolva-a um pouco, de maneira objetiva e sintética, mas sem deixar, é claro, que a ideia central perca o brilho. Feito esse resumo, apresente-o para os colegas da agência. Se todos se lamentarem por não ter pensado naquilo antes, sente-se e transforme sua ideia brilhante em um roteiro bem-acabado. Se, ao contrário, vocês chegarem à conclusão de que "a ideia é ótima, mas pena que já foi usada", esqueça-a e agradeça por não ter perdido tempo desenvolvendo, sem saber, um plágio.

A seguir, relaciono alguns fatores a ser analisados na sinopse. Com eles você poderá concluir se vale a pena levá-la adiante e transformá-la em um roteiro acabado.

- Objetivo do cliente: Você o abordou? Ele está claro?
- A ideia é original?
- A ideia é simples?
- A ideia tem impacto?
- A história depois de desenvolvida caberá na secundagem que o comercial precisa ter?
- Ficou claro qual é o produto anunciado?
- Custo: a história que se passa no coliseu, com milhares de atores e alguns efeitos especiais, pode ser ótima, mas é também muito cara. Se o cliente tem pouca verba, é melhor nem perder tempo desenvolvendo o roteiro. Sua ideia não é viável.
- Target: a ideia de mulheres nuas é sedutora. Pena que estejamos vendendo brinquedos para crianças. Tenha outra ideia.
- Tempo de produção: O filme é para ontem e você quer encher um estádio de futebol? Tente trabalhar com apenas um ator.

- O gênero da história (humor, suspense, drama ou erotismo) forma uma unidade com as outras peças da campanha?

Mesmo se você chegar à conclusão de que a sinopse é inviável, guarde-a. Talvez em outro momento, ou até para outro cliente, ela seja perfeita.

> Agência: Santo, Buenos Aires
> Cliente: Coca Cola Company
> Produto: Coca Cola Life
> Título: Pais
>
> https://goo.gl/FTkdaS
>
>
>
> O filme mostra um casal no dia a dia com seu filho pequeno. O garoto é um terror, como qualquer criança, e está o tempo todo aprontando. Destrói coisas, se joga do sofá, não deixa o pai trabalhar, se pinta inteiro. Cenas bem divertidas do dia a dia. E, em diversas delas, notamos a presença de uma garrafa de Coca Cola Life. Em um certo momento do filme, a esposa aparece, mostrando para o marido um teste de gravidez positivo. O marido solta um berro, no que parece ser desespero, já que a bagunça vai piorar. Mas na verdade, o grito é de felicidade. Ele, a esposa e o filho se abraçam.
> Entra logotipo Coca Coca Life com lettering: *Desfrute sua natureza.*

Nem sempre, porém, a sinopse é feita antes do roteiro acabado. Ela também é muito frequente na imprensa especializada (revista *Meio e Mensagem*, jornal *Propaganda e Marketing*, revista *Advertising Age*, etc.), quando a matéria trata de uma campanha publicitária e o jornalista quer contar o filme, e também nos anuários de propaganda, onde aparecem ao lado de fotogramas, funcionando sozinhas e contando, rápida e claramente, a ideia do filme premiado.

ESTRUTURA

Agora que você já rascunhou suas melhores ideias, transformando-as em sinopses, é hora de dar a elas o tratamento completo que pede o roteiro para filme publicitário. Esse tratamento significa fragmentar a sinopse em cenas, acrescentar os diálogos, indicações, todos os detalhes necessários, e colocá-la em uma sequência lógica, para obter o drama e o nível de tensão ideais. Percebe-se, então, que a estrutura, com sua intrínseca movimentação, é também a ação dramática do roteiro.

O roteiro para cinema possui uma estrutura bem definida e complexa. Entre outros, os elementos que a compõem são a exposição do problema, a complicação e o clímax; geralmente eles aparecem na mesma ordem. Já a estrutura do roteiro publicitário pode ser colocada da seguinte forma:

- exposição do problema/complicação/conflito (apresentação/desenvolvimento);
- clímax (ponto de virada);
- resolução (conclusão).

Também devido ao tempo curto da narrativa publicitária, esses três elementos aparecem bem próximos uns dos outros, quando não juntos. Geralmente, um certo personagem, durante a fase de exposição do problema, já está em conflito, enquanto o momento desse conflito pode ser também o clímax da história. Ou seja, a única fase mais clara é a resolução, quando o produto traz a conclusão do conflito.

A ordem dos três atos da estrutura não precisa ser sempre a mesma. Você pode invertê-los ou misturá-los, desde que a história de seu roteiro fique mais interessante. A estrutura suporta a imaginação. Ela é maleável e mutável. Faça com ela o que bem entender.

A linguagem do roteiro para comerciais é dinâmica, pede que sempre alguma coisa interessante esteja acontecendo. Assim, apresento dois diagramas de estruturas ideais, uma de roteiro para cinema (construída por Doc Comparato) e outra de roteiro para comerciais, respectivamente:

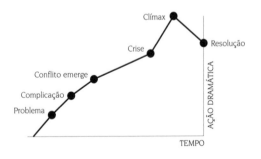

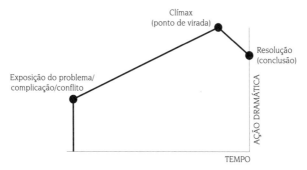

Fonte: Doc Comparato, D*a criação ao roteiro* (Rio de Janeiro: Rocco, 1995), p. 189.

CONFLITO/PLOT

Tudo o que existe vive em conflito. Há o conflito de um homem com outro; dele com a natureza; ou dele com ele mesmo, quando filosofa, por exemplo, sobre sua existência: ser ou não ser? Há o conflito do animal com o deserto, onde ele tenta sobreviver; o da luz solar com a distância que ela precisa percorrer para chegar até a Terra. Há o conflito das palavras com o texto, onde elas devem assumir o significado "x" e não "y".

É o conflito, essa interação dos elementos e aquilo que ocorre entre eles, que torna o mundo interessante, dinâmico e instigante. Levando esse conceito para o universo da narrativa, pode-se concluir que toda história precisa de um conflito. Porque conflito é ação. E sem ação não existe drama.

No micromundo dramático, no entanto, não basta que os conflitos existentes sejam apenas aqueles que já estão subentendidos. Esses são os chamados "conflitos básicos", como os do homem com a natureza, da natureza com o tempo, da tecnologia com o tradicional. O que torna uma narrativa atraente e rica, e que justifica sua existência, são conflitos maiores, acentuados, valorizados. Vou chamá-los de "conflitos fundamentais".

No livro As *mil e uma noites*, a famosa coletânea de contos árabes, o conflito fundamental é o de Sherazade, uma mulher que, para adiar sua morte, conta histórias fantásticas ao amante. Em A *insustentável leveza do ser*, de Milan Kundera, é a relação entre os indivíduos. No filme 2001, *uma odisseia no espaço*, obra-prima de Stanley Kubrick, o conflito fundamental é o da luta entre homem e máquina. Em B*eleza americana*, de Sam Mendes, é a vida banal do cidadão americano em uma sociedade regrada. Em *Édipo Rei*, de Sófocles, é o incesto. Em *Romeu e Julieta*, de Shakespeare, o ódio entre Montecchios e Capuletos. É ao redor desses conflitos fundamentais que giram todos os conflitos básicos e os outros elementos dramáticos.

É por meio do conflito que você deve fazer o leitor se identificar com seu roteiro, criando *empatia* pelo serviço ou produto. Crie uma situação que poderia ocorrer com seu público, faça que ele se enxergue na história e, assim, estabeleça uma relação de cumplicidade. Se o personagem está para ser atropelado, induza o leitor/espectador a sentir o mesmo frio na barriga.

Rir, gritar, assustar, chorar, desprezar, vibrar, odiar, amar, seduzir, aceitar. Assistindo o comercial seja pela tevê, seja pela internet, seu público é quase como a tábula rasa de Rousseau. E seu roteiro é a talhadeira que vai moldar nele a emoção que você desejar.

O conflito fundamental é o segundo assunto do roteiro (o primeiro sempre é o produto). É ele que fornece o impulso dramático que move a história para sua conclusão. É o centro da ação dramática. Na linguagem do roteiro, é o "plot".

É o plot que faz um bom roteiro para comercial. No cinema, nas novelas, nos livros ou no teatro, ele é o dorso dramático. A dramaticidade, porém, pode ganhar força por meio de outros conflitos e intrigas paralelos, pequenas histórias que direcionam o interesse do espectador para novos caminhos e até por meio de outros conflitos fundamentais. No filme publicitário, entretanto, não há tempo para isso. Em poucos segundos você precisa prender a atenção, fazer-se entender, conquistar e provocar uma ação. Portanto, escreva somente o que é estritamente necessário para completar sua ideia. Não coloque nenhum elemento no roteiro que possa desviar a atenção do leitor da mensagem principal. É mais fácil uma mensagem ser gravada quando ela é única.

Agência: Wieden + Kennedy, Portland
Cliente: Nike
Produto: Nike Free
Título: Mata-moscas

https://goo.gl/6KjRKf

Cenário: casa do tenista Roger Federer.

Trilha dramática. Vemos o astro do tênis chegando em casa, com mochila nas costas. Ele vai andando pela sala, até que ouve um irritante ruído de mosca.

Ele vê que a mosca pousou na janela de vidro. Então pega uma bolinha de tênis e atira na janela, tentando acertar o bicho. Mas erra.

A mosca sai voando pela casa. Roger Federer pega uma revista enrolada e sai atrás dela, golpeando, tentando acertá-la. Seus movimentos são como os movimentos do tênis, com a raquete. Ele vai para um lado para outro, salta, acelera o passo. Acerta tudo na casa, menos a mosca.

Pega uma vassoura, mas ainda não consegue acertar o bicho.

Até que ele tira seu tênis Nike do pé. Olha para cima, para a mosca, com expressão decidida, foco total para matá-la.

Então bate o tênis na janela, acerta a mosca, e torce o tênis, com a maior facilidade. O tênis realmente se torce todo. A mosca cai morta.

Lettering: *Nike Free. Um ulltimato em flexibilidade.*

É no plot que está a força do roteiro. Ele é a forma da ideia, o caminho escolhido para causar o impacto. Com o personagem protagonista, com o personagem coadjuvante e com a ação, ele forma o *núcleo dramático* do roteiro.

PONTO DE VIRADA

Ponto de virada é qualquer incidente, episódio ou evento inesperado que leva a ação dramática para outra direção ou apresenta uma situação que o espectador não esperava. Nem todos os filmes publicitários têm um ponto de virada. Quando existe, no entanto, ele é o clímax da narrativa. É o momento de emoção acentuada, seja surpresa, humor, drama, medo... Qualquer emoção.

É muito mais fácil escrever um roteiro com ponto de virada quando já se sabe qual será esse ponto, ou seja, quando já se sabe qual será o final. Quando escreve sem saber para onde está indo, você se perde na história, no tempo, em todos os aspectos de sua criação. Portanto, crie o ponto de virada antes de tudo. Depois, faça uma sinopse com ele. Só então desenvolva uma estrutura de maneira interessante, com cenas, diálogos, letterings. Prenda a atenção do espectador, leve-o a antecipar um acontecimento provável e faça com que o fato ocorra de forma totalmente oposta, surpreendente, ou apresente um fato marcante quando a história já parecia ter terminado. Potencialize o choque do ponto de virada. Ele é o embrião do recall.

Agência: W/GGK
Cliente: Folha de S.Paulo
Produto: Institucional
Titulo: Hitler

https://goo.gl/b4KtK5

Filme começa com alguns pontos pretos, retículas de jornal, na tela. Câmera vai se afastando lentamente, outras retículas de diversos tamanhos vão surgindo em cena. Uma locução em off acompanha o recuo da câmera. No fundo, ruídos esporádicos de tambores.

LOC. OFF: Este homem pegou uma nação destruída. Recuperou sua economia e devolveu o orgulho ao seu povo. Em seus quatro primeiros anos de governo, o número de desempregados caiu de 6 milhões para 900 mil pessoas. Este homem fez o produto interno bruto crescer 102% e a renda *per capita* dobrar. Aumentou o lucro das empresas de 175 milhões para 5 bilhões de marcos, e reduziu uma hiperinflação a no máximo 25% ao ano. Este homem adorava música e pintura, e quando jovem imaginava seguir a carreira artística.

Câmera se afasta (zoom out) agora mais rapidamente. O som de tambores se acentua e acelera. Vemos o que há na imagem: uma fotografia de jornal, em branco e preto, do rosto de Hitler (ponto de virada).

LOC. OFF: É possível contar um monte de mentiras, dizendo só a verdade. Por isso é preciso tomar muito cuidado com a informação e o jornal que você recebe.

Fade out. Entra logo da *Folha de S.Paulo*.

LOC. OFF: *Folha de São Paulo*. O jornal que mais se compra, e que nunca se vende.

Com o surgimento e o fortalecimento da internet, é necessário rever alguns conceitos. O ponto de virada é um deles.

A internet é impiedosa com a propaganda. Nela, o espectador, o internauta, pode simplesmente "pular" o anúncio e ir direto ao que está procurando. Por isso, cada comercial inserido ali tem que ser, no mínimo, muito interessante. Dessa maneira, o ponto alto do roteiro, o clímax, pode ser construído de outras formas:

Ponto de virada tradicional: funciona bem quando o internauta decidiu procurar e assistir um comercial; ou quando algum amigo compartilhou; ou quando ele viu que estava bombando na internet e quis saber mais. Enfim, o ponto de virada tradicional, no meio ou no final do filme funciona quando o conteúdo foi viralizado. Todo mundo gosta, todo mundo quer ver até o fim.

Ponto de virada no início (adaptação do roteiro): este recurso é utilizado principalmente quando o cliente está pagando pela veiculação do comercial na internet. Assim, o filme pega "carona" nos vídeos com mais views da rede, aparecendo, antes de alguns vídeos do youTube. O internauta é pego de surpresa, nem sempre está disposto a ver publicidade, por isso tem ao seu dispor o botão "skip", que o faz "pular" o comercial no youTube. Nesse caso, o pulo pode ser dado após 5 segundos. Por isso, nesses 5 segundos, o comercial precisa realmente ser impactante, sedutor, surpreendente. Como? Escolha uma cena marcante do comercial, e coloque-a nesses 5 segundos; faça uma versão do roteiro só para os 5 segundos iniciais ficarem mais interessantes; pode-se até fazer um teaser do comercial, caso não queira revelar nada do filme original. Enfim, esses 5 segundos iniciais são decisivos.

SOLUÇÃO

A solução é a resolução da história. É como o conflito será resolvido. No roteiro publicitário, geralmente é feito por aquilo que você está anunciando. O produto ou serviço do cliente deve ser o super-herói da trama. Se o carro pifar, o óleo especial precisa aparecer e tirar o motorista de uma fria. Se der branco na cabeça do vestibulando, o cursinho será sua salvação. Se o pacote for um sorvete, a solução será um serviço de entrega rápida. Se a internet está lenta, nada como um provedor de alta velocidade.

Seja o mais claro possível na solução do roteiro. Mostre, com todas as letras, cores e sons, qual é o produto. Lembre-se: você está escrevendo uma história para o cliente, não para você.

No roteiro para filme publicitário, há duas maneiras de apresentar a solução do conflito:

1. Você pode fazer o produto (solução) acompanhar toda a narrativa, participando das ações dos personagens e interagindo com eles. O impacto é menor, mas o produto, mostrado durante todo o tempo do comercial e inserido

em uma ação do dia a dia do target, pode parecer mais próximo, acessível e simpático. Isso funciona bem para comerciais em estilo documental e também para minisséries ou webseries publicitárias.
2. Aqui, geralmente o impacto é maior. Você pode fazer, perto do fim da história, um ponto de virada em que o produto surge de repente para solucionar o conflito – seja apenas por intermédio do locutor, seja nas mãos de um personagem ou no packshot. Você também pode provocar mudança de atitude por parte de algum personagem, gerando surpresa e conduzindo a narrativa em outra direção.

Agência: BBDO, Nova York
Cliente: Diageo
Produto: Guiness
Título: Basketball

https://goo.gl/f0Ejlp

O filme mostra diversos jogadores de basquete na quadra. Eles dão o sangue na partida. Não são jogadores profissionais, são como amigos. E um detalhe: eles estão jogando em cadeiras de rodas.

A cada lance vemos a dedicação extrema dos jogadores, um nunca facilita para o outro. Eles roubam a bola das mãos do adversário, arremessam de fora do garrafão, batem as cadeiras de rodas, fazem cestas sensacionais.

O jogo é duro, disputadíssimo. Então um dos jogadores cai com a cadeira, após uma disputa de bola. O jogo continua. Mas, o jogador se levantou. A bola sobra para ele, que arremessa e faz a cesta.

LOC. OFF: Dedicação.

Seu time ganha o jogo. Os companheiros de equipe se cumprimentam, satisfeitos.

LOC. OFF: Lealdade.

Então, os jogadores vão se levantando das cadeiras de rodas. Fica apenas um, que é o verdadeiro cadeirante do grupo de amigos.

LOC. OFF. Amizade.

Corta para a cena em que estão todos eles num bar. Um dos amigos pede uma Guiness.

LOC OFF: As escolhas que fazemos revelam a verdadeira natureza do nosso caráter.

Ele se senta. O amigo cadeirante está ali, brindando na mesa.

Entra packshot.

IMPACTO

Impacto vem com surpresa. Não tem segredo: toda situação surpreendente é mais fácil de ser lembrada do que uma situação de rotina. Momentos da infância, flagrantes, um aumento inesperado de salário. A surpresa e o impacto provocam reações no organismo: aguçam sentidos, dilatam a pupila, provocam descargas de adrenalina, mexem com a razão e com a emoção. O mesmo ocorre com o roteiro para filme publicitário. Levando-se em conta que um dos requisitos fundamentais desse tipo de roteiro é fazer que o produto, marca ou serviço anunciado seja lembrado pelo consumidor, o impacto torna-se um elemento vital.

Há três maneiras de seu roteiro provocar impacto.

Impacto pelo formato

É possível provocar impacto pelo formato trabalhando de maneira criativa alguns elementos da estrutura do roteiro, como cenas, lettering, diálogos, locução, packshot, trilha e ambientação. O que você pode fazer:

- Cenas: separe-as de um modo inusitado, novo. Imagine, por exemplo, a tela dividida em três partes, com várias ações ocorrendo simultaneamente.
- Lettering: as palavras podem entrar caindo e destruindo o ambiente, e ter uma luz muito forte, fluorescente.
- Packshot: pode ser continuação da história, e não apenas a conclusão.
- Trilha: sugira uma valsa em um comercial de caminhão. Um *rock* pauleira em um comercial de fraldas. Se ficar coerente com a história, poderá ser interessante.

Às vezes, muitos elementos do filme são decididos apenas com a produtora, como a forma dos letterings e a trilha. Se você, porém, julgar realmente necessário para o sucesso de seu roteiro, descreva-os à vontade.

Agência: W/Brasil
Cliente: Natura
Produto: Institucional
Título: Folia de Reis

https://goo.gl/reG2ZQ

O filme, uma animação com ilustrações no estilo da literatura de cordel, mostra a Folia de Reis.

Trilha de fundo.

Câmera vai passeando pela festa mostrando personagens dançando, tocando violão, crianças se divertindo na rua, famílias na janela de casa olhando a festa.

Chegamos no carro de uma família, que está preso no congestionamento. Eles descem do carro e vão participar da festa.

Câmera continua mostrando detalhes da festa, enriquecidos pela linguagem em animação. Até que vemos que a família que saiu do carro são os atores principais da representação do presépio.

LETTERING: *Feliz Brasil para você*.

Entra logotipo.

Impacto pela história

As mulheres gostam mais de ganhar presentes em datas que não comemoram nada. Em campeonatos de surfe, se dá melhor quem faz manobras em partes da onda em que ninguém imagina ser possível surfar daquela maneira. Os filmes de cinema mais comentados são aqueles com finais surpreendentes, inesperados. Se você assistir aos filmes, por exemplo, *Jogos, trapaças*

e dois canos fumegantes, de Guy Ritchie, e *Nove rainhas*, de Fabián Bielinky, entenderá o que significa "impacto pela história". O que estou querendo dizer, novamente, é que toda situação nova, tudo o que foge do esperado, provoca impacto. Pense nisso para seu roteiro. Lembre-se dos tópicos que apresentei no item "Ponto de virada".

Agência: Forsman Bodenfors, Suécia
Cliente: Volvo
Produto: Direção Dinâmica Volvo
Título: Espacate

https://goo.gl/mEkn92

Filme começa com cena, em plano fechado, do lendário ator Jean Claude Van Damme. Ele está de braços cruzados, olhos fechados, está num estado de concentração absoluta. Ele "balança" suavemente. De fundo, início da trilha "Only Time", da cantora Enya.

Enquanto isso, ouvimos sua voz em off:

Já tive meus altos e baixos.

A minha quota de solavancos e ventosa fortes.

Foi isso que fez de mim o que sou hoje.

O ator abre os olhos. Sua expressão continua séria, serena, ele continua concentrado.

Agora, aqui estou eu, na sua frente.

O que podem ver é um corpo perfeito.

Neste momento a câmera começa a abrir. Vamos vendo dois caminhões Volvo, um de cada lado do ator. Ele está em pé, com cada perna num caminhão, enquanto eles andam, um paralelo ao outro, para trás.

> Um par de pernas que desafiam as leis da física.
>
> E uma mentalidade para dominar o mais épico dos espacates.
>
> Câmera continua afastando. Os caminhões estão numa estrada.
>
> Então eles começam a abrir distância um do outro. A trilha chega no seu auge (entra voz).
>
> Enquanto os caminhões se afastam absolutamente sincronizados, em velocidade e distância, Jean Claude Van Damme vai abrindo um espacate no meio deles. Os caminhões param de se distanciar, quando o espacate está completo. Continuam se movendo para trás com perfeição: mesma velocidade, perfeitamente alinhados. Câmera continua se afastando. O ator se mantém estático, de braços cruzados, a mesma expressão séria e serena, num espacate perfeito.
>
> LETTERING: *Este teste foi realizado para demonstrar a estabilidade e precisão da Direção Dinâmica Volvo*.
>
> Fade out para tela negra.
>
> LETTERING: *Foi realizado por profissionais numa área fechada ao público*.

Neste exemplo você viu como o roteirista guardou a surpresa para o momento certo? Algumas histórias pedem a virada (o impacto) no meio. Outras, no final. No início é difícil: o espectador pode perder o interesse e não ver o resto. Há filmes em que surpresas ocorrem a todo momento. Faça o que você achar necessário para chocar. Mas cuidado: há uma grande diferença entre roteiros de impacto e roteiros apelativos. Crie com bom senso.

Impacto pelas inovações do meio

Não param de surgir novos formatos de veiculação. Tevê, Internet, cinema, todos os principais meios estão cada vez mais receptivos a ideias realmente criativas, que tragam insights inéditos e surpreendentes na forma de se criar e veicular um comercial. E, as vezes, o que parece ser um limitador pode se transformar num excelente caminho para uma nova ideia.

A agência Almap/BBDO, por exemplo, veiculou para a Volkswagen no "temido" formato *pre-roll* do YouTube, um comercial para divulgar o câmbio DSG T*iptronic* do novo fusca. Neste formato, os comerciais são exibidos antes do vídeo principal e o internauta precisa assistir os primeiros cinco segundos antes de clicar no S*kip* A*d*.

Agência: Almap/BBDO
Cliente: Volkswagen
Produto: Novo fusca
Título: Skip Ad

https://goo.gl/eD5CbN

Cena do antigo fusca em movimento, numa estrada. O novo fusca começa a passar por ele.
LETTERING: *Novo fusca com câmbio DSG Tiptronic. Você não passa a marcha. Nem o comercial.*
Então vemos a setinha do cursor passando por cima do vídeo até chegar no botão "skip" do youTube.

EMOÇÃO

Só o espectador que presta atenção à história é capaz de se emocionar. E, para conquistar a atenção do público, ao construir o roteiro você deve moldar a ideia de um modo criativo ideal para que ela desperte o interesse do espectador.

Em seriados, novelas e filmes, é difícil que o público mantenha o mesmo nível de interesse durante toda a narrativa. Por isso, existem os *pontos de identificação*, ocasiões em que o autor se vale de recursos para movimentar a história, devolvendo ao espectador o interesse e a vontade de envolver-se. São aqueles períodos em que o público vai decidir se vale a pena continuar dedicando sua atenção à trama ou não. Em novelas, geralmente há pontos de identificação no final de cada capítulo, para que o espectador tenha vontade de assistir ao próximo capítulo, no dia seguinte. Em filmes para cinema, são muito importantes os primeiros 15 minutos. Nos filmes publicitários, o ponto de identificação deve existir o tempo todo: seja em 15 segundos, seja em 5 minutos.

Em casa, vendo tevê; no ônibus, mexendo no smartphone; no parque, com o tablet; no escritório, com o computador; no cinema, namorando. A todo momento seu target tem muita coisa com que se distrair. E, convenhamos. A maioria é muito mais interessante para ele do que ver propaganda. Ele aproveita o break para ir ao banheiro, é a geladeira que convida à gula, são os filhos que brigam o tempo todo. Assim, seu roteiro deve originar um comercial interessante ao extremo, a ponto de manter o espectador ligado, atento, curioso ao conteúdo. Utilize todos os recursos possíveis para prender a atenção, em todas as etapas. Seja por meio de uma perseguição, de uma trilha frenética, do silêncio, de imagens que dão água na boca, ou da sedução de atores. Introduza sua mão através da tela, seja qual for essa tela, e segure o espectador pelo pescoço. Ou você emociona o target, ou o cliente não vai mais se emocionar com suas ideias.

Agência: BBH, London
Cliente: Robinson's
Produto: Institucional
Título: Parceiros

https://goo.gl/EZoYZn

Filme começa com cena de dois garotos na faixa dos 12 anos abraçados. Eles jogam futebol, se agarram se divertindo, caem no chão.

São diversas cenas que mostram a parceria, a amizade e a cumplicidade entre os dois. Em algumas cenas, vemos um dos garotos, que parece um pouco maior e mais "experiente", ajudando o outro.

Eles jogam pedras num rio; o maior levanta o outro para alcançar a trave do futebol; brincam no gira-gira. Caminhando pela rua, encontram algumas meninas. O maior pergunta:

— Não é aquela menina da sua escola?
— Sim, é ela.
— Ela gosta de você.
— Não, não gosta.
— Gosta sim!

Corta para os dois que brincam com os sabres de luz, eles simulam a luta final de *Star Wars*. Um é atingido e finge que está morrendo e diz, como no filme:

— Ahhhh... Eu sou seu pai!

Corta para os dois correndo para casa. Eles entram, abrem o armário e pegam uma garrafa do suco Robinson's. Colocam água, um serve o outro, bebem o suco muito rápido, totalmente sedentos.

Corta para os dois dormindo no sofá, na frente da tevê. O mais velho acorda, tira os tênis do outro e o leva no colo até o quarto. O coloca na cama, cobre, olha para trás antes de apagar a luz. O outro garoto abre os olhos e diz:

— Boa noite, pai.

Câmera volta para a porta, agora vemos o pai no lugar do garoto:

— Boa noite, Paul.

Ele apaga a luz e sai do quarto.

Corta para packshot: a garrafa de suco Robinson's e os dois copos vazios, que os meninos tomaram, em cima do balcão da cozinha.

LETTERING: *É bom ser pai. É melhor ainda ser amigo.*

Entra logotipo.

DESEJO

Só compra quem deseja. Segundo a psicologia, o homem reage mais prontamente por meio das emoções do que pelo raciocínio às mensagens que recebe. Nem sempre o novo é suficiente na criação do roteiro; às vezes há necessidade de outros artifícios que tragam mais motivação à mensagem. Esses artifícios podem ser as próprias qualidades do produto ou valores conotativos, que aticem o desejo do consumidor a adquirir o produto, induzindo-o a acreditar que a compra vai personalizá-lo, saindo da massa anônima que não tem o privilégio de possuí-lo.

Dessa maneira, há diversos valores interessantes que você pode vender (desde que sejam adequados ao produto) com seu roteiro. Jorge Martins os chama de "recursos motivadores". A seguir, relaciono alguns desses recursos, juntamente com exemplos de categorias em que geralmente são identificados:

- felicidade, prazer, alegria (cervejas, hotéis);
- juventude, virilidade, esportividade (roupas, carros);
- poder, prestígio, *status* social (joias, restaurantes);
- autoestima, bem-estar, vaidade (roupas, cosméticos);
- saúde, segurança, qualidade (planos de saúde, alimentos);
- amor, erotismo, fantasia (*lingeries*, perfumes);
- economia de tempo, praticidade, modernidade (eletrodomésticos, computadores).[5]

---

[5] I*bid*., p. 156.

CREDIBILIDADE

A credibilidade de um depoimento reside naquilo que ele tem de verdadeiro, e que é provado como verdadeiro por meio de dados ou pelo consenso do público. O mesmo acontece com o roteiro para filme publicitário.

A publicidade é uma atividade que desperta desconfiança na sociedade. Muitas peças publicitárias utilizam-se de argumentos que dão para o produto ou marca um tal *status* de perfeição perante a concorrência que só resta ao consumidor ficar com o pé atrás. Quando o milagre é muito grande, o santo desconfia.

Assim, para fazer um filme que ganhe a confiança do target, o roteirista deve ter um compromisso com a verdade.

Suponha que você precise escrever um roteiro sobre um sabão em pó que deixa as roupas muito brancas. Você pode fazer o roteiro "básico", comparando duas peças de roupa, uma lavada com o sabão concorrente e a outra com seu sabão. A dona de casa sabe que, basicamente, a diferença no resultado da lavagem é mínima. Portanto, não exagere. Não coloque uma peça de roupa amarelada representando o sabão da concorrência, nem uma peça quase "transparente" representando o seu. Não faça uma overpromise. Seu target só vai desconfiar. E, cá entre nós, fuja dessa ideia. É muito manjada. Que tal esta?

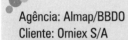

Agência: Almap/BBDO
Cliente: Orniex S/A
Produto: ODD
Título: Lençol

Em uma área de serviço, a torneira do tanque abre misteriosamente sozinha. O sabão em pó voa até o tanque e se despeja na água.

VOZ EM OFF: Este é o ODD em pó. Ele age profundamente sobre os tecidos, deixando as cores mais vivas e o branco muito mais branco.

Um lenço branco é jogado dentro da água.

VOZ EM OFF: E isso é muito bom, porque, na minha profissão, eu tenho de estar sempre impecavelmente branco.

O lençol sai da água, se torce sozinho e veste um fantasma, que sai voando pela casa.

Entra packshot.

LOC. OFF: ODD. O branco que todo mundo precisa.

RITMO

Mesmo com apenas alguns segundos, um roteiro e, depois, o filme a que ele deu origem podem ser chatos, maçantes. Isso pode ocorrer por duas razões: ou a ideia é fraca, batida, previsível, ou não existe harmonia entre as partes. O roteiro não tem ritmo.

Não há como definir exatamente o ritmo. Ele é formado pelo conjunto dos elementos da narrativa, como as cenas, os diálogos, a ação dos personagens. Às vezes, um ritmo lento é ideal para o roteiro. Outras, o ideal é um ritmo frenético, como um videoclipe. Não há regra. É bom, porém, que você analise duas coisas: a ideia e o target.

Imagine um roteiro com imagens em ritmo alucinante, trilha mais alucinante ainda, cores, sombras, luzes, pessoas se movimentando rapidamente, letterings passando. O target, porém, são pessoas com mais de 70 anos. Não funciona. A linguagem desse target não é a do videoclipe do jovem de 18 anos. Busque algo menos alucinante. Cuidado também com o contrário. Para falar com adolescentes, por exemplo, veja as propagandas e séries que eles assistem. São centenas de quadros por minuto, ângulos que você nunca tinha visto, letterings voadores. É uma linguagem que seduz esse target.

CLIMA

Terror: localização sombria, cores puxando para o cinza. Suspense: personagem aflito, trilha dramática. Amor: cores quentes, trilha romântica. Tédio: câmera fixa. Essas são algumas descrições que você pode fazer para compor o clima do roteiro.

Toda história tem um clima. O clima é a sensação que a história, com sua imagem e áudio, transmite para o público.

Essa sensação pode ser desde o assunto do plot, como amor ou terror, até sensações de frio, calor, dor, angústia, sucesso. O clima é um dos elementos principais para o leitor do roteiro criar e visualizar a história que você conta. O roteiro deve seduzir e, para isso, precisa oferecer ao leitor algumas descrições e elementos para que ele possa criar o cenário de um sonho. O leitor, entretanto, deve sonhar em uma direção predeterminada pelo roteirista. Por isso é importante deixar bem definido, por meio de alguns elementos, qual é o clima.

Você pode definir o clima do roteiro por intermédio do diálogo, das ações do personagem, da trilha. Algumas vezes, o próprio produto anunciado já traz subentendidas algumas sensações. Por exemplo: criando para os veículos da marca Toyota, logo imaginamos um cenário de aventura, um clima jovem; para vender cerveja, é claro que um clima alegre e descontraído é mais adequado do que um clima de tristeza.

Algumas vezes, porém, são necessárias algumas informações adicionais, além, simplesmente, de ações, diálogos, trilha, produto. Enfim, o roteiro pode estar pronto, mas algumas indicações ainda são bem-vindas para que seu tiro seja certeiro. Essas indicações devem ser breves e podem relacionar-se a:

- movimentos de câmera;

- iluminação;
- detalhes do cenário;
- cores;
- referências;
- características do personagem;
- lettering;
- tom da locução;
- tom da trilha sonora;
- tom das falas.

Agência: DM9DDB
Cliente: Ministério da Saúde
Produto: Institucional
Título: Rua

Cena de uma moça, aflita, atravessando a rua em uma cadeira de rodas. **A câmera treme, muda de ângulos** (demarcação para clima).

Chegando ao outro lado, ela tem muita dificuldade para passar pela guia e subir na calçada. **Close nas rodinhas da cadeira de rodas, indo para a frente e para trás** (demarcação para clima).

LETTERING: *Vacinar seu filho contra a paralisia é mais fácil*.

Corta para logotipo do Ministério da Saúde.

LETTERING: *19 de agosto. Vacinação contra a paralisia*.

Agência: W/Brasil
Cliente: Valisère
Produto: Institucional
Titulo: Primeiro Sutiã

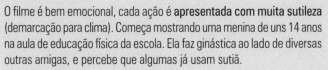

https://goo.gl/8OqK5e

O filme é bem emocional, cada ação é **apresentada com muita sutileza** (demarcação para clima). Começa mostrando uma menina de uns 14 anos na aula de educação física da escola. Ela faz ginástica ao lado de diversas outras amigas, e percebe que algumas já usam sutiã.

Corta para um quarto de menina. Alguém, um adulto, coloca uma caixa de presente em cima da cama e vai embora.

Corta para a menina, agora no fim da aula de educação física. Ela está no vestiário e fica incomodada ao ver que a maioria de suas amigas já usa sutiã, e ela não. Meio envergonhada, ela até se esconde um pouco para trocar de camisa.

Corta para a menina chegando em casa, no seu quarto. Ela logo deita, meio chateada, pensativa. Até que vê a caixa de presente em cima da cama. Curiosa, abre o presente e fica boquiaberta quando vê o que é: um sutiã.

Ela se anima e corre para a frente do espelho para prová-lo. Entra trilha emocional. Toda feliz, ela fica se olhando no espelho com o sutiã, completamente realizada.

Corta agora para a menina andando na rua, indo para a escola com uma prancheta debaixo do braço. Ela passa por um garoto bonitão, que olha para ela, sorrindo. Tímida, ela levanta a prancheta, colocando-a na frente dos seios. O garoto passa e fica olhando para trás.

LOC. OFF: O primeiro Valisère a gente nunca esquece.

A menina sorri, vai abaixando a prancheta e continua andando, cheia de si, agora toda segura, confiante.

Entra logotipo.

Deixe bem claro qual o clima de seu roteiro. Antes de interagir, o leitor precisa saber se vai entrar em um campo florido ou em um rio cheio de piranhas.

DESCRIÇÃO DE DETALHES

Aqui, é cada um com sua função. Durante o jogo, nenhum jogador de futebol ajuda o torcedor a balançar a bandeira. Na cirurgia, o anestesista que quer operar o paciente deve estar louco. Na hora de filmar, o diretor não muda seu roteiro. Na hora de escrever o roteiro, você não deve se preocupar com muitos detalhes técnicos de cada cena.

A responsabilidade do roteirista não é escrever posições de câmera e a terminologia detalhada da filmagem. Ele deve dizer ao diretor *o que* filmar, e não *como* filmar. Seu trabalho é escrever. O do diretor é transformar as palavras em imagens. Um roteiro pode conter apenas as descrições de iluminação e posições de câmera necessárias para dar a ideia do clima da narrativa. Mesmo assim, serão sempre ideias, sugestões. A decisão final deve ser tomada com o diretor. Você pode fazer algumas indicações de posições de câmera, por exemplo, mas, ao indicar que deve haver um close em determinado objeto, você o faz pensando que aquele detalhe é importante. Agora, se o diretor vai fazer um close, um zoom, ou usar qualquer outra técnica para sublinhar um detalhe, é coisa para se discutir mais tarde, na reunião de produção.

Preocupe-se em fazer indicações apenas quando elas tiverem uma função: um close para valorizar um detalhe fundamental, uma iluminação clara para dar um clima alegre, uma roupa sóbria para ajudar a definir o comportamento sério do seu personagem. Tais indicações serão importantes para orientar o trabalho do diretor, do figurinista, do fotógrafo, enfim, de toda a equipe de filmagem, na direção que você imaginou. Mas cuidado: um roteiro cheio de descrições desnecessárias, seja sobre planos, zooms, figurino, decoração ou iluminação, apenas confunde, torna-se chato e desvia a atenção do cliente do fundamental: a ideia.

Encare seu roteiro como um quadro moderno: se a moldura é enfeitada demais, parece que você quer trazer à obra de arte uma percepção de valor que ela não tem sozinha. É como admitir que ela é fraca e, por meio de maquiagem, torná-la grandiosa. Algumas das melhores bandas de *rock'n'roll* do mundo dispensam iluminações e efeitos especiais milionários em seus *shows*. Elas não precisam disso. Podem, sozinhas, conquistar a plateia. Com o roteiro é a mesma coisa: quanto mais "enfeites" você colocar, quanto mais detalhes que nada acrescentam à ideia, mais vai parecer que você está querendo "empurrar" um conceito apenas razoável. Conquiste sua plateia – o cliente –

com a ideia, não com o *show* por trás dela. A carroça faz mais barulho quando está vazia.

Outra razão para você não encher o roteiro de marcações – e que será discutida no tópico sobre storyboard – é a liberdade de criação, tanto do cliente como do diretor. Já foi dito que, ao apresentar um roteiro, o ideal é que o cliente sonhe por meio do texto, descobrindo novos caminhos e entrando na história. Pois, então, como ele pode entrar se o roteiro está fechado completamente? Como ele pode sonhar se, por todos os lados, encontra descrições exatas e definitivas de iluminação, comportamento dos personagens, posições de câmera? No caso do diretor, ao receber um roteiro, ele também quer criar, colocando no filme alguns elementos que o particularizam e o identificam perante outros diretores. Ele quer dar seu toque pessoal, usar seu talento, para dar um acabamento perfeito à ideia. E pode ter certeza de que um bom diretor sabe fazer isso – posicionar a câmera, a luz, os atores, os objetos de cena – melhor do que você. É a profissão dele. É sua função. Muitas vezes, é esse toque do diretor que faz um filme brilhante. Há um famoso filme da cerveja Guiness, em que cavalos pulam ondas enormes, surfadas por alguns surfistas insanos. No roteiro não havia descrição das cores do filme. O tom preto-azulado foi escolhido pelo diretor e passou perfeitamente o clima mitológico que o roteirista desejava. E mais: no fim da primeira filmagem, a equipe da produtora achou que faltava alguma coisa e acrescentou os cavalos, que não existiam no roteiro original. O diretor teve plena liberdade para criar, para mostrar o que sabia fazer. E fez, junto com a agência, aquele que é, muitas vezes, considerado um dos melhores comerciais de todos os tempos. Veja a seguir:

https://goo.gl/afA5SV

PERSONAGENS

O personagem principal do roteiro é sempre o produto ou a marca. É isso que deve, mais do que qualquer outra coisa, conquistar o espectador. Assim, ao contrário do roteiro para cinema, em que os personagens são bem-acabados, com descrições físicas, sociais e psicológicas, nos roteiros para comerciais uma descrição sintética, como no caso da ambientação, é suficiente. Os personagens não precisam de profundidade. Eles não precisam ter uma história, um nome, uma casa. Podem ser superficiais, desde que tenham uma personalidade. A personalidade é importante porque ajuda na definição do tom do roteiro, em sua direção e na identificação com o target.

Você não precisa dizer o peso do personagem, sua altura, suas roupas, todo seu padrão de comportamento. Bastam apenas alguns poucos adjetivos, e só aqueles que forem realmente importantes na caracterização. No caso de o personagem ser alguma personalidade famosa, muitas vezes até essa rápida descrição torna-se desnecessária. A personalidade traz consigo uma imagem, um comportamento que já é bastante conhecido. Basta citar seu nome.

Doc Comparato traz um quadro de características básicas, construído pelo dramaturgo Ben Brady, que pode ser muito útil para você apresentar uma descrição suficiente para os roteiros de comerciais: rápida e exata.

sujo – imaculado
inteligente – burro
engraçado – apático
valente – covarde
arrogante – humilde
obstinado – dócil
justo – injusto
crente – incrédulo
calmo – nervoso
sensível – insensível
cruel – benevolente
tímido – extrovertido
simples – complexo
pretensioso – modesto
singelo – afetado
desajeitado – habilidoso
astuto – franco

gentil – violento
alegre – mórbido
delicado – estúpido
generoso – avarento
claro – confuso
convencido – modesto
moral – imoral
ativo – preguiçoso
sadio – doente
ingênuo – malicioso
extravagante – comedido
hesitante – impulsivo
vulgar – nobre
lúcido – alienado
misterioso – evidente
genioso – sereno
egoísta – altruísta[6]

---

[6] Doc Comparato, *Da criação ao roteiro* (Rio de Janeiro: Rocco, 1995), p. 131.

Mais do que adjetivos, são atalhos para caracterizar, sucinta e eficientemente, traços de personalidade dos personagens. Além disso, servem para você não perder tempo.

Agência: Almap/BBDO
Cliente: Escola Panamericana
Produto: Institucional
Título: Terror

https://goo.gl/yeK6QD

Cenário: Casa. Uma festa está acontecendo. Câmera vai chegando na sala. Vemos duas meninas conversando, ouvimos a voz da menina que está de costas:

– Ai, amiga. Virei atriz de um papel só!

– Sério?

– Por que que não me chamam para fazer outra coisa?

– Tipo?

Então essa amiga se vira. Vemos que ela é uma zumbi: os olhos brancos, o rosto cheio de sangue, o cabelo horroroso. Ela completa:

– Sei lá... Um filme de época, por exemplo.

Corta para a cena em que ela está abrindo uma porta do século XIX. É uma zumbi vestida como na monarquia. Ela encontra o príncipe. Quando eles se beijam, uma gosma sai de sua boca. Corta para ela na festa:

– Ou um musical, sabe?!

Corta para a cena de um palco com dançarinas no estilo cabaret. Elas fazem uma coreografia, lá de trás surge a dançarina zumbi. Volta para ela na festa:

– Uma peça infantil!
Corta para ela no palco representando chapeuzinho vermelho. Quando ela se vira para a plateia, as crianças gritam. Volta para ela na festa:
– Mas só me chamam para fazer filme de terror (sua voz fica grave, medonha, como nos filmes). Sabe, amiga... eu penso em fazer outra coisa. Sei lá, propaganda...
Corta para ela de costas, num comercial de shampoo. Os cabelos, lindos, são jogados para os lados. Ela vira a cabeça para a frente, como no filme *O Exorcista*.
Corta, entra lettering: *Se você nasceu para uma coisa, não adianta fazer outra*.
Entra logotipo Escola Panamericana.

CENA

Cena é uma seção contínua de ação dentro de uma mesma localização. É o momento do drama em que a composição do personagem não se altera. Durante uma cena, o personagem pode ter vários movimentos, mas sua ação principal será apenas uma, formada pelo conjunto desses movimentos. Por exemplo: a cena de um assassinato é composta pelo personagem empunhando a faca e, no mesmo lugar, atacando o oponente. Se essa ação não pode ser filmada toda no mesmo ambiente, ou se o personagem tem uma mudança considerável de direção narrativa, dizemos que há outra cena para completar essa ação.

Uma mesma cena pode ser filmada por vários ângulos diferentes. Se a localização da cena do assassinato é o boxe de um banheiro, podemos fazer um close da faca; a câmera pode ser subjetiva, representando os olhos do assassino; pode-se fazer um close dos olhos da vítima, mostrando seu desespero e acentuando a dramaticidade da cena; pode-se mostrar o assassinato apenas filmando a sombra dos personagens no chão; pode-se acentuar a dor mostrando o sangue espirrando na cortina do boxe ou escoando pelo ralo. Essa é a clássica sequência do filme *Psicose*, de Alfred Hitchcock. É uma cena conhecida também pelo seu número de tomadas: mais de quarenta, em poucos segundos: a faca, o ralo, a cortina, a mulher, o chuveiro, a parede. Veja que falei em "tomadas". Uma tomada começa no momento em que se liga a câmera e termina quando ela é desligada. Assistindo à cena de *Psicose*, você percebe que, entre a imagem da faca e a da mulher, por exemplo, há um corte. A câmera não faz um movimento contínuo de um elemento para outro. A cena perderia em força dramática. Por esse corte, podemos perceber que cada elemento (no caso, a faca ou a mulher) foi filmado em separado e mais de uma vez, até que Hitchcock conseguisse o resultado desejado. Esses vários planos formam uma cena. Várias cenas formam uma sequência. Várias sequências dão origem a um filme. Veja agora trecho da tão famosa cena do filme *Psicose*. Aprenda com o mestre.

INT. MARY NO CHUVEIRO

Ao longo da barra em que paira a cortina do chuveiro, podemos ver a porta do banheiro, não inteiramente fechada. Por um momento, vemos Mary se ensaboando e se enxaguando. Há ainda uma pequena preocupação em seus olhos, mas ela já parece um pouco aliviada.

Vemos a porta do banheiro sendo empurrada lentamente, se abrindo. O barulho do chuveiro abafa qualquer som. A porta é, então, lenta e cuidadosamente fechada. E vemos a sombra de alguém passar do outro lado da cortina do chuveiro. Mary se vira para a cortina. A luminosidade branca do banheiro quase nos cega. Repentinamente vemos uma mão alcançar a cortina do chuveiro, rasgando-a de lado.

Detalhes da cena:

Mary
O modo como ela se vira é a resposta para a sensação do ruído da cortina sendo rasgada. Um olhar de puro horror estoura em seu rosto. Um baixo gemido terrível começa a levantar-se para fora de sua garganta. Uma mão entra no plano. A mão segura uma enorme faca. O sílex da lâmina preenche a cena quase totalmente numa prata brilhante.

O corte
Uma impressão de uma faca, como se rasgando a tela, rasgando o filme. Sobre o corte os breves ruídos do grito. Depois o silêncio. E então o baque terrível quando o corpo de Mary cai na banheira.

Para visualizar melhor os momentos de seu roteiro, sua progressão do conflito à resolução, faça como nos romances: separe cada cena em um parágrafo. Isso também facilita na hora de incluir as falas dos personagens, a locução, o lettering, as observações sobre ângulos de tomadas e qualquer outro detalhe que você julgar interessante.

Há roteiros com várias cenas:

Agência: F/Nazca Saatchi & Saatchi
Cliente: Skol
Produto: Cerveja Skol
Título: Pedidas

Cena de um balcão de bar, na praia.
LOC. OFF: Existem vários jeitos diferentes de pedir uma Skol.
Entra um casal de mãos dadas fazendo um círculo com os braços.
LOC. OFF: Tem o jeito dos apaixonados.
Entra um homem meio desconfiado, de óculos. Ele tira os óculos e faz movimentos circulares com os olhos.
LOC. OFF: Do desconfiado.
Entra uma mulher muito sedutora. Ela faz movimentos circulares com a língua ao redor dos lábios.
LOC. OFF: Da dançarina.
Entra um rapaz "normal" e faz movimentos circulares com o indicador.
LOC. OFF: E o jeito normal.
Câmera corta para dois amigos esquisitos, que comentam que o rapaz normal é meio esquisito.
LOC. OFF: Pessoal, olha o preconceito...
Entra logotipo.
LETTERING: *A cerveja que desce redondo*.

Roteiros com apenas uma cena:

Agência: W/Brasil
Cliente: Folha de S.Paulo
Produto: Institucional
Título: Paulo Francis

https://goo.gl/6kmJnX

Foto do jornalista Paulo Francis.
LOC. OFF: O *Estado* lê Paulo Francis na *Folha* desde 1975. Depois de quinze anos, resolve ser original e contrata o mesmo articulista.
LETTERING: *Recuse imitações. Leia a Folha*.

E até roteiros em que parece não existir cena:

Agência: Lintas
Cliente: Cultura Inglesa
Produto: Curso de inglês
Título: Banana Split

LETTERING: *Peel a banana and then split it in half.*
VOZ EM OFF 1: Peel a banana and then split it in half.
VOZ EM OFF 1 (com forte sotaque): Você entendeu tudo o que eu disse?
VOZ EM OFF 2: Entendi tudo. Quer dizer, quase tudo. Eu só perdi umas palavrinhas.

> As palavras do letreiro despencam; ficam só "banana" e "split".
> LOC. OFF: Tem gente que não sabe o que está perdendo. Faça inglês na Cultura Inglesa.
> Entra logotipo.
> LOC. OFF: O inglês com cultura.

Nesse último caso, porém, a cena também existe. Existe porque há uma localização – o fundo da tela – e um personagem que mantém uma composição: a palavra. A cena, então, são as palavras agindo na tela. Roteiro pressupõe drama. A cena, por trazer imagem, ações e diálogos, é a unidade dramática do roteiro. Portanto, sem cena, não há roteiro.

Na hora de construir uma cena, imagine-a como uma pequena história, com começo, meio e fim. A cena do assassinato tem a imagem do assassino entrando no boxe como seu início. O meio é a mulher sendo esfaqueada. E termina com o zoom e fade in no ralo. Por ser uma pequena história, a cena, para ser completa, também precisa ter um clímax. O clímax da cena é seu momento principal e representa seu objetivo, sua razão de existir. Em seu roteiro, não coloque cenas apenas por colocar. Se o personagem estiver olhando para uma placa de trânsito, deve ser para evidenciar a localização. Se você faz o close de uma agulha, é porque essa agulha é fundamental na trama. Se seu personagem fala alguma coisa, essa fala, o diálogo, deve ser importante. Uma cena sem clímax é cansativa e diminui a atenção do espectador. Além de ter uma função, a cena deve ser enxuta. Lembre-se do dinamismo necessário ao seu roteiro e de que você tem apenas 30 segundos para trabalhar.

Bons filmes são feitos de boas cenas: as cenas do duelo de carruagens, em B*en Hur*, de William Wyler; do carrinho de bebê descendo a escadaria, em *Encouraçado Potenkim*, de Serguei Eisenstein; do personagem Neo desviando dos tiros, em M*atrix*, de Andy e Larry Wachowski; da bicicleta voando em frente da Lua, em E.T., de Steven Spielberg; da própria cena do chuveiro, em P*sicose*, de Hitchcock. São exemplos de cenas marcantes, que fazem todo mundo lembrar-se do filme. Lembrar... Parece que esse é o objetivo do anunciante. Ser lembrado. Então, capriche nas cenas.

É importante, antes de escrever a cena, você saber *onde* e *quando* ela ocorre: sua localização no espaço e no tempo.

LOCALIZAÇÃO

Onde se passa a história de seu roteiro? Em uma cozinha? Em Marte? Na boca de um cachorro? Toda história se passa em algum lugar. Diga onde. E todo lugar tem algumas características. Então, dê uma breve, ou melhor, brevíssima descrição de como é esse lugar.

Partindo de um método elaborado pelo Eugene Vale, separei quatro grupos nos quais podem ser organizadas as características da localização de um roteiro para filme publicitário:
- Natureza: casa, farmácia, porão, parque, cemitério.
- Modo: cheio de gente, vazio, pobre, caindo aos pedaços, brega.
- Relação com o personagem: seu esconderijo, o sinal de seu poder, etc.
- Atmosfera: angustiante, mágica, nostálgica, opressiva.[7]

Agora, imagine que você está escrevendo um roteiro para vender perfume e quer fazer uma cena em que a mulher se sinta atraída pelo perfume do homem. As primeiras ideias que vêm à cabeça são de cenas em uma festa, em um restaurante ou no cinema. Esses, no entanto, são locais óbvios. Deve haver algo com mais força visual, que fuja do esperado. Que tal fazer a cena do ponto de vista do nariz da mulher? É o nariz que se sente seduzido, começa a puxar a mulher, se apaixona…

Como em tudo na publicidade, na hora de imaginar a localização da cena, fuja do óbvio. Em vez de ser apenas passivo, decorativo, o lugar também deve acrescentar alguma coisa à narrativa.

---

[7] Eugene Vale, *Vale's Technique of Screen and Television Writing* (Boston: Focal Press, 1998), p. 40.

Agência: Duda Propaganda
Cliente: Ambev
Produto: Guaraná Antarctica
Título: Pesadelo

https://goo.gl/eBYfXh

Filme começa mostrando **torcida num estádio de futebol** (localização). Corta para o jogador Ronaldo, atacante da seleção brasileira, no campo. De fundo, ouve-se o hino nacional. Os jogadores estão de pé cantando o hino, como sempre acontece antes dos jogos.

Câmera começa fechada no Ronaldo e vai passando para os outros jogadores, lentamente: depois do Ronaldo, o Kaká, depois do Kaká, o Diego Maradona.

Corta para o Diego Maradona no seu quarto, vestindo a camisa da seleção argentina. Ele acorda assustado e fala, segurando a camisa:

– Caramba! Qué pesadelo!

Então ele olha para o seu criado-mudo, lotado de latas de Guaraná Antarctica, e conclui:

– Creo que estoy bebendo... mucho Guaraná Antarctica.

Ele apaga a luz e volta a dormir.

LOC. OFF: Os maiores craques do mundo um dia já sonharam em jogar na nossa seleção. Guaraná Antarctica e seleção brasileira. Ninguém faz igual.

Entra logotipo.

DIÁLOGOS

> **Initium**
> Adão e Eva.
> A serpente
> Partiu o espelho
> Em mil pedaços,
> E a maçã
> Foi a pedra.
>
> Federico García Lorca, *Poemas sueltos*

Emoção, sentidos, metáforas, lembrança de mitos, reflexão. Tudo traz esse poema. Tudo traz a palavra. Pela palavra, o discurso hábil de um político mobiliza uma nação. A primeira palavra da criança desperta emoção nos pais. Uma frase mal-entendida pode destruir uma relação. O depoimento de uma testemunha pode acabar com uma vida. A reportagem financeira muda o ânimo – e o dia – do investidor. O discurso do pastor seduz e enche a igreja de fiéis. A palavra é um caminhão de sentidos, ideologias, ordens e desejos; quando organizada, penetra na sociedade, transformando preconceitos sem pedir licença. Assim como a música, a palavra é agente da emoção.

Por meio dela, no roteiro, os personagens conferem um tom à trama, comunicando-se, contando uma história, dando informações sobre um produto. Isso é o diálogo, um texto dramático para ser falado pelos personagens. É dramático porque é texto – usa palavras – e, em seu roteiro, deve ser construído para que o seja ainda mais. O diálogo precisa ser emocionado para expor, colocando à flor da pele do roteiro e do leitor/espectador a sensação que você deseja transmitir. Ele funciona como uma rede de significados e de informações sobre a história e, em nosso caso, informações também sobre o produto.

Escrever diálogo pressupõe sensibilidade. O bom escritor de diálogos costuma ouvir tudo o que dizem à sua volta. A matéria conhecida é mais facilmente transmitida. Você também precisa ter sensibilidade para imaginar o tamanho do diálogo: ele pode ser comprido, contanto que bem-construído e que não fique "espremido" no filme; pode ser curto, desde que convença; pode não existir, desde que o roteiro, com a imagem e o áudio, consiga provocar a emoção. Precisa ser sensível à forma: o diálogo pode ser literal, coloquial, em versos ou até cantado. Depende do ritmo do roteiro, do target do tipo de trama, e também de como você quer caracterizar o personagem. A coisa dita qualifica quem diz. Assim, se você usa um diálogo rebuscado, repleto de termos ininteligíveis, podemos imaginar seu personagem um juiz, e não um mecânico. Se carrega nas gírias, ele pode ser um jovem. Se o diálogo é repetitivo, cheio de clichês e cacoetes verbais, pensamos em um jogador de futebol, e não em um acadêmico. Com emoção exagerada, adjetivos delicados que praticamente choram, pode ser uma garota que tomou um fora, nunca um machão. Um diálogo com sotaque sempre remete a uma pessoa do interior. Assim, antes de construir a fala do personagem, conheça-o. Conheça o perfil, a educação, o comportamento dos mais variados tipos humanos, do traficante ao padre.

Eu falei em "sotaque". Muito cuidado com seu uso. Você não precisa escrever exatamente como o personagem deveria falar. Para o povo representado, a chance de isso soar forçado, irônico, é grande, e sua história pode perder credibilidade. Basta perguntar a algum italiano o que ele acha das novelas da Globo em que os personagens têm sotaque italiano. Em seu roteiro, coloque apenas algumas palavras-chave que representam o modo da região, como uma gíria, por exemplo. Isso é o suficiente para que o leitor de seu roteiro identifique o sotaque.

Para indicar o diálogo no roteiro, coloque o nome do personagem em letra maiúscula. Dê um espaço duplo ou um *enter*. Se quiser fazer alguma indicação sobre o estado do personagem, faça agora, entre parênteses. Essa indicação, também chamada de rubrica, pode ser de ânimo, de postura, de tom da fala. Finalmente, escreva o diálogo.

Agência: Almap/BBDO
Cliente: São Paulo Alpargatas
Produto: Havaianas
Título: Modelo

https://goo.gl/rYGwxq

Praia. Um rapaz vê uma linda mulher escolhendo Havaianas e começa a paquerá-la.
RAPAZ: Você é modelo?
MULHER: Sou.
Ele fica meio confuso.
RAPAZ: Como assim?
MULHER: Ué?! Eu sou Fernanda Lima, modelo.
Ele fica desconcertado.
RAPAZ: Pô, acabou com minha melhor cantada...
O rapaz vai embora, desiludido. A modelo fica sem entender aquilo.
Entra packshot.
LOC. OFF: Havaianas. Todo mundo usa.

O diálogo pode assumir a forma de um monólogo, em que o personagem fala consigo mesmo ou faz um discurso para o espectador. Ele pode estar se condenando, desabafando, contando uma história, descrevendo um objeto ou, funcionando como narrador, observando e contando uma ação que vê. Ele pode também assumir a forma de pensamento, de um fluxo de consciência do personagem. Nesses dois casos, dada a falta de um outro personagem para interagir e complementar a dramaticidade da trama, e também porque toda a atenção do espectador estará voltada mais para as palavras do que para o personagem, é preciso que a fala tenha uma força dramática ainda mais intensa, que cada palavra tenha uma função, e não esteja ali só para "encher linguiça". É assim que você evita o erro, comum em diálogos longos, de tornar seu roteiro chato.

Apesar da força dramática e da credibilidade da palavra, todo discurso passível de ser substituído por imagens, como um gesto, cacoete do personagem, figurino ou detalhes no cenário, deve sê-lo. A trama enriquece, fica mais dinâmica, próxima da realidade; você evita o risco de cair na monotonia e ainda ganha tempo. Isso vale principalmente para informações básicas sobre o personagem. Se é fundamental o espectador saber que ele é um socialista, em vez de usar o discurso, vista-o com uma camiseta do Che Guevara. O que a imagem diz não precisa ser dito novamente. Abomine as fotolegendas. O que você pode fazer é o contrário: entrar com o personagem fazendo um monólogo, em que ele apresenta algumas de suas conquistas como campeão de basquete, presidente da empresa, ativista ecológico, até que a câmera revele que ele é paraplégico. Percebe como isso, sim, tem impacto?

Publicitário adora escrever frases de duplo sentido e conceder-lhes as chamadas "licenças poéticas". No caso do duplo sentido, muito cuidado ao utilizá-lo no diálogo. Nem todas as pessoas de seu target entendem, de imediato, o sentido ambíguo de uma frase. Cuidado ao expressar-se nas entrelinhas. O impacto do roteiro deve ser claro, a percepção pretendida deve ser imediata, um soco na cara do espectador. Você está criando e lidando com um dinheiro que não é seu: é do anunciante. Não corra o risco de não se fazer entender. Enquanto o espectador tenta "sacar" uma ideia, outra já veio, o filme continuou, acabou, começou outro com outra mensagem, e tudo foi por água abaixo. Ou melhor, o dinheiro foi por água abaixo.

Quanto à pontuação, seja correto. O texto não precisa passar pelo revisor, mas coloque vírgulas, pontos, interrogações e exclamações no lugar certo. A pontuação dita o ritmo do roteiro. Do ritmo depende a emoção. E é a emoção que faz seu roteiro brilhante ou péssimo.

Um último aspecto importante na construção do diálogo são as crianças. Ao escrever falas para elas, sempre considere suas limitações de dicção e também pense no diretor: é muito complicado dirigir crianças; elas são tímidas, perdem a naturalidade na frente das câmeras e nem sempre entendem as orientações. Portanto, faça diálogos curtos, fáceis de gravar, que não envolvam a representação de um tipo complexo de emoção. Escreva somente o essencial.

Agência: F/Nazca Saatchi & Saatchi
Cliente: Sustagem
Produto: Sustagen Kids
Título: Brócolis

https://goo.gl/DKfk2J

No supermercado, um garoto de uns 10 anos está com sua mãe no setor de verduras. Ele fala:

GAROTO: Mãe, compra brócolis?

MÃE: Não, filho. Tem em casa.

O garoto começa a insistir:

GAROTO: Ah, mas um unzinho, vai?!

MÃE: Não, eu já falei.

O garoto fica chateado, grita, começa a espernear:

GAROTO: Mãe, por favor, mãe, compra brócolis.

Ele bate no carrinho de compras, grita, tira a blusa e pisa em cima, enlouquece. As outras pessoas do supermercado ficam olhando, abismadas.

GAROTO: Eu quero brócolis, mãe! Eu quero, eu quero, eu quero!

LOC. OFF: Essa criança provavelmente não existe.

A mãe dá uma outra verdura para ele:

MÃE: Pega esse rabanete e fica quieto.

Ele balança a cabeça concordando e se acalma. Aí pergunta novamente:

GAROTO: Mãe, posso pegar uma chicória?

> Corta para cenas de preparo do produto, a mãe com o filho agora na cozinha.
> LOC. OFF: Mas isso existe: Sustagen Kids. O complemento de vitaminas e minerais que seu filho adora.
> MÃE: Bom, né?
> E o garoto a surpreende:
> GAROTO: É, mas eu gosto mesmo por causa das vitaminas e dos minerais.
> A mãe olha estranhando para ele.
> GAROTO: Que foi?
> Entra packshot.
> LOC. OFF: Sustagen. Mais nutrição no seu dia.

NARRADOR

No roteiro, o narrador pode estar presente fisicamente ou apenas pela voz, ou seja, em off. Fisicamente, ele pode ser um personagem que conta sua história, ou que apenas observa e conta uma história qualquer. Mesmo quando ele existe apenas em off, ainda é necessário que se integre à trama. Sua voz deve entrar na cena na hora certa. O texto deve seguir a emoção das imagens, sendo sério, melancólico ou alegre. Deve ser um texto rico, mas não muito comprido.

Agência: Loducca
Cliente: MTV
Produto: Institucional
Título: Elvis Death

https://goo.gl/fLE8RY

O filme começa com uma pergunta, em loc. off:

— Elvis está morto?

Ouvimos a resposta numa voz, também em loc. off, em tom empostado, sério:

— Não.

Entra cena de um homem sentado, na penumbra, de óculos escuros. Percebemos que se trata do cantor Elvis Presley, que está dando uma entrevista. A cena tem um tom soturno, o cantor está mais velho, como na sua última fase. A voz em off é dele, que completa:

— Elvis é a morte.

Entram acordes de guitarra no estilo rock dos anos 1960.

Corta para cenas do cantor, num quarto, se arrumando: verificando o isqueiro, ajeitando o topete, colocando a jaqueta. A partir daqui ouvimos sua voz em off, como narrador:

— Quer dizer, você tem que admitir: existe uma grande diferença entre estar morto e ser a morte.

Corta para Elvis chegando, com seu case de violão, num pequeno show onde um guitarrista faz um solo desafinado.

— O mundo está cheio de idiotas. Eu estou aqui para matar esses babacas que matam a música.

Elvis levanta seu case, que na verdade é uma bazuca. Ele mira e dispara um míssil, explodindo o guitarrista no palco.

Corta para um gordinho no seu quarto, cantando uma música no computador, para depois jogar na rede. O garoto é desafinado e, ainda por cima, canta uma música pop demais. Elvis aparece no quarto, abrindo a porta devagar, usando um capuz. Ele pega um violão que está no canto do quarto e acerta uma pancada na cabeça do garoto.

Corta para um rapaz tomando banho cantando "Guns n' Roses". Bem desafinado, é claro. Vemos uma bota surgir no canto do box e empurrar um rádio para dentro da banheira, eletrocutando o cara no banho.

– Às vezes meu trabalho é tão fácil...

Corta para um karaokê. Uma velhinha japonesa interpreta com emoção uma música que mal se entende. Elvis se aproxima, puxa uma espada e corta fora a mão da mulher que está com o microfone. Sangue voa pela parede, como nos filmes do Tarantino.

– ...mas, há dias difíceis.

Entram os primeiros acordes da música "Don't be Cruel".

Elvis faz pose, começa a dançar.

Corta para ele de novo no sofá, no quarto escuro, dando a entrevista.

– Um rei tem que fazer o que deve ser feito.

Com as mãos, ele faz sinal de "corto a cabeça". Acende um cigarro. Então ele é interrompido pelo telefone do repórter, que toca. O toque é uma música ridícula. O repórter se desculpa:

– Oh, desculpe.

Elvis torce a boca, o repórter atende. Então ouvimos um barulho de lâmina e vemos a cabeça do repórter voando. Elvis guarda sua espada e ajeita o topete.

Entra logotipo da MTV com LETTERING: *Vida longa ao rock n' roll*.

Nunca use o narrador para descrever a imagem (fotolegenda). Aliás, é para isso que a imagem existe. Ela deve falar por si, sem precisar de muletas explicativas. Roteiristas iniciantes geralmente cometem esse erro. A imagem e o áudio devem ser complementares, não um explicativo do outro.

LOCUÇÃO

No roteiro, locução é toda voz de um narrador ou personagem. A locução pode ser o próprio diálogo, com os personagens na cena, ou pode ser uma voz sem um emissor aparente. Nesse caso, ela é chamada de locução em off.

Com a locução, você pode narrar a história, pode dar informações sobre o produto, pode convidar o público a uma ação, pode assinar o filme. Como acontece com os outros elementos do roteiro, porém, use-a apenas se necessário. Se a imagem já é forte o suficiente e não precisa de mais explicações, evite a locução.

Se for importante na construção do clima do seu roteiro, você pode detalhar um pouco qual o tipo de locução. O tipo de voz. Há vozes mais empostadas, vozes mais jovens, vozes mais sérias... pense em qual estilo funciona melhor para sua ideia.

A locução é mais uma técnica para persuadir, emocionar e provocar impacto.

Agência: Ogilvy Buenos Aires
Cliente: Schneider
Produto: Cerveja
Título: Perdão

https://goo.gl/Q7Gh84

O filme começa com cena de 3 amigos na faixa dos 25 anos andando calmamente pela rua.

Uma locução ao mesmo tempo séria e irreverente vai narrando o texto, um pedido de desculpas, enquanto o filme se desenrola.

Um dos amigos empurra o outro, que cai em cima da lata de lixo. Os outros dois acham o máximo.

— Perdão, senhoritas! Perdão por nossa imaturidade.

Corta para um motorista parado no farol. Uma mulher muito bonita vai atravessando a rua, enquanto ele mexe com ela, colocando a cabeça para fora do carro.

— Perdão pelas cantadas de mal gosto...

Corta para uma casa, uma moça fica inconformada com algo que vê no notebook. Seu namorado aparece de toalha, recém-saído do banho, pondo a mão na cabeça, preocupado com o que ela está vendo.

— Por nosso histórico na internet!

Corta para um parque. Uma moça está parada tomando cerveja. Um homem chega ao seu lado, abre os botões da camisa e começa a dançar ao seu lado.

— Perdão por achar que uma camisa aberta é uma arma de sedução em massa.

Corta para um casal na sala de casa. O rapaz vai abrir a cerveja usando a beirada da mesa, mas ela estoura, dando um banho na namorada.

— Perdão por abrir como primata...

Corta para um casal, com o homem dirigindo, parando o carro na entrada do motel. A moça fica indignada, mas o namorado parece que não liga:
– Por pensar que um "não" é um "sim"!
Corta para outra festa, uma moça toda elegante toma uma cerveja. Na sua frente um rapaz se empolga, ridículo, ao fazer um *air guitar*.
– Por tocar uma guitarra que não existe!
Corta para uma outra namorada indo buscar seu namorado, que faz xixi na moita. Ele termina, se vira e coloca as mãos no rosto dela.
– Perdão por não lavarmos as mãos... nunca!
Corta agora para um bar. Todos os homens, personagens das cenas anteriores, estão juntos, com uma cerveja na mão, olhando para a câmera com expressão tímida, como se desculpando.
– Permita-nos oferecer-lhes uma Schneider, a cerveja com amadurecimento exato, para o homem que também é assim.
Todos eles levantam suas cervejas, propondo um brinde e tomando. O narrador finaliza:
– Amadurecer leva tempo. Fazer uma grande cerveja, também!
Corta para packshot. Loc. off completa:
Schneider. Mais sabor. Mais cerveja.

LETTERING

Lettering é a legenda. Legenda é um caminho escrito que, como o narrador, complementa a história. Ela pode indicar um lugar, a época, uma qualidade, um pensamento, uma intenção.

De preferência, faça letterings curtos. O tempo é curto, o ritmo pode ser intenso, há a imagem e o áudio, o espectador não pode confundir-se. É por meio de lettering que entram, em quase todos os comerciais, a assinatura ou a mensagem do filme.

Agência: Giovanni, FCB
Cliente: Submarino
Produto: Institucional
Título: Imagine se...

https://goo.gl/tuAf3L

LETTERING: *E se existisse...*
A partir daí, lettering segue com um texto com uma série de produtos imaginários que todos adorariam:
LETTERING: *Filtro solar em comprimidos.*
    Jornal que não voa na praia.
    Sapatos de sapateado para cachorro.
    Lentes de contato que somem quando você dorme.
    Papel higiênico com as últimas notícias.
    Caderno escolar sabor comida de cachorro.
    Livro de receitas com páginas comestíveis.
    Fralda com alarme.
    Você compraria? A gente venderia.
Entra logotipo.

O lettering também pode ultrapassar essa característica de complemento do filme para se tornar toda a imagem, a própria forma. Imagine as palavras se fragmentando, formando outras, dançando. Esse tipo de filme é interessante porque é simples, fácil de entender e tem impacto. Também é interessante para o cliente, porque é barato.

Agência: DM9DDB
Cliente: Bayer
Produto: Bayro Gel
Título: 90º

Tela com fundo branco. Letreiros aparecem escritos na posição vertical, forçando o público a virar a cabeça para ler.
LETTERING 1: *A gente tem uma coisa muito importante para dizer.*
LETTERING 2: *Você precisa saber.*
LETTERING 3: *A Bayer está lançando um produto novo.*
LETTERING 4: *Bayro Gel.*
LETTERING 5: *Eficiente contra*:
LETTERING 6: *luxações*
LETTERING 7: *lesões musculares*
LETTERING 8: *distensões*
LETTERING 9: *e até torcicolos.*
Entra produto e assinatura.

PASSAGEM DE TEMPO

Agência: Crispin Porter + Bogusky
Cliente: Ikea
Produto: Institucional
Título: Lâmpada

https://goo.gl/tFPSsG

Cena na sala de uma casa. Vemos uma simpática luminária acesa numa mesa de canto. Uma mulher desliga da tomada e leva embora. Trilha dramática.

A mulher vai levando a luminária para a porta de saída. Corta para a mesa de canto, onde a luminária estava, se distanciando. É como uma subjetiva da luminária.

A mulher abre a porta da casa. Lá fora venta, faz frio. Ela coloca a luminária no chão, na calçada, no lugar do lixo. E volta para a casa. A parte da lâmpada da luminária fica virada para a casa, como se o objeto olhasse a mulher o abandonar.

Fade, passa o tempo, escurece. Chove. A luminária está na calçada, tremendo. Virada para dentro, é como se ela olhasse a dona da casa pela janela. Lá dentro, a mulher acende a luz e senta, agora ao lado de uma luminária nova.

Pedestres vão passando pela luminária abandonada, na chuva.

Então um deles para e diz para a câmera:

– Você jura que está sentindo pena desta luminária? Você é louco? Isso aí não tem sentimentos! E a nova é muito melhor.

O homem sai andando.

Entra logotipo Ikea.

Passagem de tempo é toda técnica usada para mostrar que o tempo passou.

Óbvio, não? Isso é necessário porque o tempo do roteiro, o tempo dramático, não corresponde exatamente ao tempo real. Por exemplo: um roteiro onde se mostra todo um jogo de futebol. O jogo tem 90 minutos (tempo real), mas, no roteiro, ele tem apenas 30 segundos (tempo dramático). Nesse caso, a passagem de tempo pode ser indicada mostrando-se o cronômetro, o placar, as unhas cada vez mais roídas de um torcedor, o uniforme cada vez mais sujo do jogador, o Sol se pondo atrás do estádio, os holofotes se acendendo, o apito final do juiz, a torcida invadindo o campo.

É comum – e funciona – a passagem de tempo ser indicada apenas por um corte de uma cena para outra. Por exemplo: um casal se beijando no carro. Corta para eles tirando a roupa na cama. Fica claro que o tempo passou. O que aconteceu durante é coisa de sua cabeça.

TEMPORALIDADE

Por temporalidade, entenda informar a data em que a história acontece. Se necessário, quando ela começa e também seu desenrolar através dos dias, meses, anos, décadas.

Geralmente, porém, os roteiristas de comercial não colocam nenhuma indicação de data para informar o tempo. Isso porque a maioria das histórias se passa no tempo atual. Essa indicação, quando ocorre, pode ser feita por meio da linguagem (uma gíria da época), do cenário (um carro antigo), da fotografia (sépia).

Além da data, a função da temporalidade é mostrar se o tempo da trama é contínuo (obedece ao calendário) ou descontínuo, se é de trás para a frente, se é o tempo de um sonho. Muito cuidado para não confundir temporalidade com passagem de tempo.

RUÍDOS

Ruídos não são trilha. Eles são, simplesmente, sons da cena. Ao escrever o roteiro, porém, é claro que você não deve indicar todos os ruídos. Quando imaginar um homem aplaudindo, não escreva "ruído de palmas"; uma mulher datilografando, não escreva "ruído de máquina de escrever". Esses sons estão implícitos na imagem. Você deve indicar um ruído apenas quando ele for de grande importância para a trama, ou quando ele não fizer parte da imagem. Por exemplo: o barulho de chuva, o som de um despertador, um bebê chorando longe.

Agência: Grey, London
Cliente: Vodafone
Produto: Vodafone Red
Título: Lago

https://goo.gl/wzoh0r

Cena de uma mulher deitada num pequeno píer, na beira de um lago.
Ela está tranquila, quieta, com sua bolsa ao lado.
Ruídos da natureza do local: grilo, som da água.
A paz do local, é absoluta. Nada acontece. A mulher fecha os olhos.
Ouvimos o som das pequenas marolas, na parte rasa do lago.
Então começamos a ouvir um ruído bem irritante: é o celular da mulher, vibrando dentro da sua bolsa. Ela não atende. Continua deitada, tranquila.
LETTERING:
Você precisa estar com sinal para receber uma ligação. E para ignorá-la.
Vodafone Red. A maior cobertura.
Entra logotipo Vodafone.

FLASHBACK

Flashback é mostrar algo que aconteceu no passado. É um revival. Você pode construir todo o seu roteiro usando flashback, ou pode mostrar um personagem solitário lembrando de algo do passado.

O flashback é uma das técnicas que possibilita alterar a ordem dos atos da estrutura do roteiro: imagine você começá-lo com um conflito; depois, entra o flashback explicando o porquê do conflito; chega o início do clímax; volta ao tempo real, quando o clímax está ocorrendo; entram as cenas de resolução.

Agência: Almap/BBDO
Cliente: Mizuno
Produto: Tênis
Título: Cachorro

https://goo.gl/8tGD0K

Cena de um rapaz calçando seus tênis, preparando-se para o *cooper*. Ele chama seu cachorro para ir junto.

O cachorro começa a lembrar da outra vez em que foram correr juntos: o dono sempre disposto, correndo cada vez mais rápido, e o pobre do cachorro ficando cada vez mais cansado (flashback).

O cachorro para de lembrar e foge para se esconder em cima de uma árvore, chegando até a imitar um gato, para não ser descoberto pelo dono.
LETTERING: *Mizuno. Serious Performance*.

REFERÊNCIAS

Muitas vezes, ao escrever o roteiro, temos claros na mente lembranças, imagens, sons e atitudes que gostaríamos que o filme seguisse. Nada melhor, então, para orientar o trabalho da equipe de produção do que mostrar referências de seu pensamento. É mais fácil criar a partir de algo que já existe que do nada. Se, no roteiro, há um casal dançando tango, cite *Perfume de mulher*, de Martin Brest. Se o roteiro é para vender chocolate, e você imagina um homem se lambuzando inteiro, cite *Chocolate*, de Lasse Hallström. Ao imaginar um roteiro em ritmo frenético, que misture vários tipos de imagem e coloque o leitor em uma sensação de videoclipe, cite *Corra, Lola, corra*, de Tom Tykwer. Se, em algum instante do roteiro, um personagem passa por um desespero indescritível, tente descrevê-lo lembrando uma fotografia famosa, como aquela da garota vietnamita Kim Phuc nua, correndo do bombardeio de napalm. Se é fundamental que o cenário de sua história seja carregado de cores, com uma fotografia exuberante, dê como exemplo o filme *Moulin Rouge – Amor em vermelho*, de Laz Luhrmann.

Toda forma de conhecimento e de manifestação humana pode servir de referência para seu roteiro. Quanto mais filmes você assistir, mais música ouvir, mais obras de arte conhecer, mais fácil será transmitir às outras pessoas a ideia exata daquilo que imaginou no roteiro. Até a própria publicidade pode servir de referência para ela mesma. Se você gostou da fotografia de algum comercial específico, cite-o.

O melhor lugar para anotar as referências é junto com a cena que você quer explicar. Veja o exemplo:

Agência: Chiat Day São Francisco
Cliente: Apple
Produto: Macintosh
Título: 1984

https://goo.gl/dl6wbJ

O filme se inicia com imagens de uma distopia futurista, hipoteticamente dominada por um estado militar e tecnologicamente autoritário. A inspiração e referência, obviamente, é do livro 1984, de George Orwell, escrito em 1948.

Nas primeiras cenas, filas de indivíduos marcham sem expressão por túneis, monitorados por sistemas internos de tevê. Em off ouvimos uma voz forte, ditatorial.

Em ação paralela, uma loira em roupa de atleta com um martelo de arremesso nas mãos, marcha em direção à tela. Ela é perseguida por uma tropa de choque armada.

Numa sala semelhante a um auditório, dezenas de pessoas assistem, submissas, à fala do ditador numa grande tela.

Quando o ditador conclui seu discurso, a mulher arremessa o seu martelo, que explode a tela em fumaça e luz.

Locução sobre letreiro emerge na tela:

Em 24 de janeiro, a Apple Computadores lançará o Macintosh.

E você verá porque 1984 não será como 1984.

Entra logotipo Apple.

Curiosidade: este comercial foi veiculado uma única vez no intervalo do Super Bowl, em 22 de fevereiro de 1984. O diretor era Ridley Scott. O board da Apple não tinha aprovado sua exibição. Steve Jobs peitou todo mundo e o comercial foi para o ar.

TRILHA

Se os olhos são as janelas da alma, os ouvidos são as portas que levam a ela. Quem tem as chaves dessas portas é a música, um sopro sensitivo que entra no corpo tocando a alma e a psique humana. O som, além da vibração de moléculas do ar, traz consigo imagens e palavras que remetem a lembranças, desejos, traumas, conquistas e valores guardados no íntimo mais íntimo de cada um. E a música, com sua leveza e sua forma de vir pelo vento, chega fácil aos confins da consciência e da inconsciência, acordando e trazendo à tona os sonhos e as sensações contidos ou censurados mais bem guardados na caixa-forte (agora fraca) que é a personalidade. Música é o sinônimo não oficial de emoção. No caso do povo brasileiro, ela emociona ainda mais. Somos um povo auditivo, musical, que não cansa de inovar e inventar ritmos como a bossa nova, o samba, o olodum, e de nos emocionar com eles.

Se a música emociona tanto, por que não incorporá-la a seu roteiro, fazendo do som técnica persuasiva? Emocionar não é apenas fazer chorar. O humor, a surpresa, o terror, a misericórdia, a paixão, também são emoções. Assim, procure o ritmo musical que corresponda melhor ao tipo de emoção que deseja passar com seu roteiro. Se quer que o espectador se emocione como alguém se apaixona, experimente L*et it be*, dos Beatles. Se deseja que ele se sinta agitado, use uma trilha mais frenética, como um tecno do Prodigy. Se você quer vê-lo em uma sensação de suspense, tente uma trilha apenas com violinos. Se quer nostalgia, que tal Rolling Stones? Modernidade? Macy Gray é excelente. Brasilidade? Martinho da Vila.

Como você pôde perceber, nem sempre é preciso indicar o nome da música. Basta dizer o ritmo. Apresentando o roteiro para o diretor e o trilheiro e discutindo suas intenções, juntos vocês acharão a música ideal. A seguir, apresento alguns ritmos que você pode usar no roteiro:

- blues;
- brega;
- clássico;
- forró;
- funk;
- jazz;
- MPB;
- infantil;
- pop;

- rap;
- reggae;
- rock pesado;
- rock melódico;
- rock romântico;
- rock antigo;
- romântico;
- samba/pagode;
- sertanejo;
- tecno.

Nem sempre, porém, a emoção da trilha precisa corresponder à emoção da imagem ou das palavras do roteiro. Você pode conseguir uma sensação interessante fazendo um paradoxo sensitivo entre áudio e vídeo. Em uma perseguição, por exemplo, coloque uma valsa. Vai parecer que a cena está em um ritmo mais lento. Enquanto uma mulher escolhe uma joia na loja, imagine um rap estilo Eminem. Podem pensar que ela está roubando a joia. No jogo de futebol, uma música clássica; a partida vira um balé.

Crie o inesperado, experimente, construa no papel uma realidade hipersedutora-interessante. Seja qual for sua história e sua trilha, esteja atento para inserir a trilha no momento certo do roteiro. Busque harmonia. Observe as ações, o desenvolvimento dos personagens, identifique o conflito, o ponto de virada. Veja alguns momentos em que é comum acrescentar uma pontuação musical:

- Você quer que a trilha identifique todo o comercial? Deixe-a durante todo o roteiro, podendo ou não fazer o corte antes da entrada do packshot.
- Você quer passar mais dramaticidade a partir de certa cena? Encaixe a trilha nessa cena. Geralmente, essa entrada se dá em um dos momentos de conflito mais altos do roteiro.
- Para sublinhar um detalhe, enfatizar apenas uma cena, por exemplo, um momento de suspense, indique que há um pequeno trecho da trilha, apenas durante esse detalhe ou cena. É a chamada *vinheta*.
- Quer criar impacto na entrada do packshot? Dê o *start* na trilha logo na entrada do packshot.

Repare, no primeiro item, como eu falei em "cortar". Assim como a cena, quando quiser identificar uma parada súbita na trilha, use o termo "corte". Pode acontecer de você identificar o início da trilha, mas querer que ela fique em um volume mais baixo, sem ser interrompida. Nesse caso, dizemos que ela "cai para BG", ou seja, vai para background, um "degrau atrás".

E quando você pode, ou melhor, deve, deixar a trilha de lado? Quando a intensidade e a força dramática do filme ficarem maior sem ela. Como tudo no roteiro, a trilha deve ter uma razão para existir. Não deve ser colocada apenas porque fica bonitinho ou porque aquela é sua música preferida. Às vezes, o filme só atinge o máximo de carga dramática sem trilha. Em silêncio. Aliás, ele pode até se destacar mais ainda no meio da barulheira que é o break comercial.

> Agência: Taterka
> Cliente: Playcenter S.A.
> Produto: Hopi Hari
> Título: Missa
>
> https://goo.gl/gNqLh9
>
> Clipe com pessoas se divertindo em um parque de diversões. **Uma música sacra é cantada em um idioma incompreensível** (trilha).
> Passam legendas com a letra da música, mas continuamos sem entender, pois elas estão escritas no mesmo idioma.
> O clipe termina com uma mão carimbando um passaporte, dando a ideia de que se trata de um outro país.
> LETTERING: *Hopi Hari. Ao vivo e em cores*.

PACKSHOT

Packshot é uma cena específica com o produto. É o produto em close. Ele pode entrar em qualquer parte do roteiro, mas, geralmente, é colocado no fim, após o término da história.

É muito comum o roteirista concluir a trama, entrar com o packshot e depois voltar para a história, com uma última cena complementar. O packshot é um dos momentos mais importantes do roteiro. Ele é a razão da existência do filme. Foi por causa do produto do packshot, e apenas dele, que o cliente pediu um roteiro para você. Então, dê-lhe a merecida importância. Uma maneira de fazer isso é dedicar ao packshot cerca de 3,5 segundos. No roteiro, é um tempo precioso que parece perdido. É, no entanto, o tempo certo para o espectador atentar para a embalagem, as cores, o nome do produto.

ASSINATURA

A assinatura, que, assim como o packshot, pode entrar no início, no meio ou no final do roteiro, é o resumo, a síntese da mensagem que se pretende passar sobre o produto, marca ou ideia anunciada no filme. Geralmente, a assinatura é o slogan, mas ela também pode ser uma frase-conceito ou apenas o logotipo. No caso de ela ser uma mensagem, há duas formas de assinar um filme: por meio de lettering ou de áudio, com um personagem ou o locutor em off dizendo a mensagem. Para que a assinatura seja gravada mais facilmente, entretanto, é aconselhável utilizar as duas formas – imagem e áudio – ao mesmo tempo. Sim, esse é um caso raro em que uma fotolegenda é ideal. Ataque o consumidor pela visão e pegue-o se ele estiver na sala. Ataque-o pela audição e atinja-o se ele se levantou do sofá. Estamos aguardando a tevê e a internet com cheiro, para atingir o consumidor pelo olfato se ele estiver no quintal.

> Agência: DM9DDB
> Cliente: Companhia Athletica
> Produto: Institucional
> Título: Choro
>
> https://goo.gl/pwgfNn
>
> Cena de um bebê chorando muito no berço. Um homem gordinho, sem camisa, pega o bebê no colo.
> Para a surpresa dele, a criança põe a boca em seu peito proeminente, tentando mamar, e assim para de chorar.
> LETTERING: *Fique em forma*.
> **Entra logotipo** (assinatura).

TEMPO

O filme publicitário pode ter 5, 15, 30, 45 segundos, 1 minuto 2 minutos, 15 minutos. Já não existe limite. O formato de 5 segundos, porém, é chamado de vinheta e dificilmente conta uma história. É comum, nos 5 segundos, fazer o teaser, ou seja, criar o suspense de uma campanha. De qualquer maneira, todos os formatos obedecem às mesmas regras. O roteiro deve ter sempre alguns elementos e etapas fundamentais. Ele apenas terá mais ou menos cenas, a trama poderá ter mais ou menos detalhes, o produto ficará em exposição durante mais ou menos tempo. Qualquer que seja o tempo, todo roteiro precisa de força dramática, de impacto, de sedução, capazes de persuadir o consumidor e que independem do intervalo comprado pelo cliente.

No roteiro, é ainda mais importante que você se lembre da concisão da linguagem publicitária. Diga o que pretende com o mínimo de palavras, usando frases sintéticas que contenham o máximo de informação. Elimine repetições e redundâncias, salvo para efeitos especiais, inclusive nas cenas. O necessário é o ideal.

Há um elemento fundamental para você colocar o roteiro no tempo certo: o cronômetro. Um redator experiente consegue escrever o roteiro em um tamanho muito próximo dos 30 segundos sem usar o cronômetro. Enquanto você ainda não tem essa prática, porém, faça o seguinte:

- Dispare o cronômetro e, após 1 segundo, comece a ler o roteiro.
- Não leia as cenas. Imagine-as. Pense no tempo que cada ação levaria para acontecer.
- Leia os diálogos e locuções pausadamente e em voz alta.

- Reserve cerca de 4 segundos para o packshot e a assinatura, se for o caso de eles entrarem fora da história.
- Se o roteiro ultrapassar o tempo definido no briefing, altere-o, verifique se todas as cenas são necessárias. Tente sintetizar algum diálogo ou locução e evite diminuir o tempo do packshot.
- Se sobrar muito tempo, tente estender alguma cena, acrescentar outra, mas de maneira que elas também se tornem necessárias. Lembre-se: cada cena deve ter uma função dramática.
- Se passar dos 30 segundos, veja se todas as cenas são necessárias. Tente sintetizar algum diálogo ou locução. Evite diminuir o tempo do packshot.
- Um bom sinal é quando o roteiro cabe em uma página A4. Se ele não for só locução, estará bem próximo dos 30 segundos.
- O ideal é que seu roteiro tenha cerca de 28 segundos. Isso dá um certo tipo de margem para o diretor também criar.

Um roteiro curto demais para a duração definida no briefing pode resultar num filme lento, monótono, que não vai prender a atenção. Um roteiro longo demais, por outro lado, provavelmente vai se transformar num filme corrido, confuso e que também não vai prender a atenção.

Atualmente, com a flexibilidade dos canais a cabo e a verdadeira revolução trazida pela internet, podemos ver que ao menos metade dos comerciais exibidos nesses meios já não tem apenas 30 segundos. Temos mais tempo para contar uma história, mais tempo para construirmos uma relação com o consumidor, mais tempo para vender um produto ou uma ideia. Com o fim da limitação dos 30 segundos, um dos formatos que mais ganhou força foi o de roteiro documental. É o formato que começa com a ideia de uma ação, realizada entre consumidores reais, onde tudo é filmado. Depois, parte-se para a criação de um roteiro que organize o material captado da melhor maneira possível, acrescentando uma breve explicação da ação, letterings, locução, trilha sonora, enfim, tudo o que for preciso. O resultado é praticamente um "vídeo-case", ou seja, um filme que conta tudo o que aconteceu naquela ação. E que, depois que vai para o ar, consegue ter buzz para atingir milhões de pessoas, especialmente quando é viralizado na internet. São inúmeros, inclusive, os casos de comerciais com esse formato que, graças ao enorme sucesso alcançado na rede, foram reeditados e veiculados também na tevê.

Agência: Duval Guillaume Modem, Bélgica
Cliente: TNT
Produto: Institucional
Título: A dramatic surprise on a quiet square

https://goo.gl/ucVFDa

O comercial começa com letreiros:
Em algum lugar de uma pequena cidade da Bélgica
Numa praça onde nada realmente acontece
Nós colocamos um botão.

Corta para superclose do botão.

Corta para superclose do botão.

A partir de agora, veremos cenas reais dos pedestres na praça, curiosos sobre aquele botão e uma placa acima dele "Aperte para acrescentar drama".

Vamos fazer uma montagem com a reação dessas pessoas depois que apertarem o botão. Essas reações serão intercaladas com cenas da ação proposta: a ambulância retirando o ferido, a maca caindo da ambulância, a briga entre o pedestre e o motorista, a mulher de lingerie passando de moto, os carros da quadrilha chegando, o tiroteio, o resgate do ferido, a saída de jogadores de futebol americano do prédio. Nosso vídeo/comercial terá ainda uma trilha bem dramática de fundo. E no fim de tudo, o imenso banner caindo sobre o prédio, com o letreiro:

TNT. Sua dose diária de drama.

Finalizando

ANALISE SEU ROTEIRO

Colocado o ponto-final no roteiro, é hora de ver se ele realmente ficou bom. Opiniões, é óbvio que você deve pedir, ouvir e analisar cada uma delas, mas, principalmente, tenha *você* uma visão crítica. Analise cada cena, cada diálogo, veja se a estrutura mantém um ritmo capaz de prender o leitor/espectador. Se o packshot perdura durante o tempo adequado. Se você não quer acentuar mais nenhum detalhe. Se não há outras indicações a ser feitas. Veja se o roteiro tem unidade, se ele está "redondo".

A seguir, algumas perguntas que você pode fazer ao analisar seu roteiro e ver se ele é bom ou apenas mais uma ideia que vai para sua gaveta.

- O roteiro atende aos objetivos apresentados no briefing?

- Ele é adequado aos valores do cliente?
- O produto/marca/ideia é apresentado de modo sedutor?
- Há identificação com o target?
- Você deu uma razão para ele comprar o produto?
- Ele convida o target a uma ação?
- O target vai sentir vontade de possuir o produto?
- Ele é capaz de prender a atenção todo o tempo de duração?
- Ele é memorável?
- Pode virar um filme que todos irão comentar?
- A ideia é clara?
- Ele não é previsível?
- Será que a ideia já não foi usada?
- Você pensou ao contrário da solução de todo mundo?
- A estrutura geral é criativa?
- A história não está confusa?
- Existe impacto?
- As cenas estão claras?
- Todas as cenas são necessárias?
- Os diálogos são objetivos?
- As locuções são claras?
- Não há falação demais?

- Há informação suficiente?
- Não há informação demais? Ou de menos?
- Não é apelativo?
- Cabe no tempo definido no briefing?
- O tipo de trilha é aquele mesmo?
- Há harmonia?
- Existe conclusão?
- O packshot aparece de maneira marcante?
- Você colocou a assinatura/slogan/mensagem?
- Você, o autor, está satisfeito?

ÚLTIMAS ALTERAÇÕES

Após finalizado, seu roteiro ainda pode passar por alterações por causa de duas partes envolvidas no processo de produção do filme: o cliente e o diretor de cena.

No caso do cliente, se o roteiro for aprovado, existem as alterações de natureza subjetiva e também racional, especificamente sobre o produto. É um personagem que deveria ser mulher, um objeto que não pode estar na cena, uma frase sobre o produto que precisa ser melhor trabalhada, uma trilha que não lhe agrada. São mudanças que podem interferir no rumo de sua história e que, se você não tomar o cuidado de defendê-la, poderão descaracterizá-la ou até acabar com a ideia. Por isso, ao apresentar o roteiro para o cliente, conte a história de maneira dramática, transforme-se no ator, diga as locuções e os diálogos como se você fizesse parte da trama. Represente, incorpore os personagens. Não tenha medo do ridículo. Explique por que cada detalhe é importante. Encarne sua ideia. Mostre que você está convicto de que ela é ótima. Isso transmite segurança ao cliente.

É claro, porém, que pode acontecer o contrário: o cliente pode fazer críticas e sugestões que mostrem novos caminhos, complementando e melhorando o roteiro. Esteja aberto a novas ideias. Tudo bem que o roteiro seja como um filho seu. Como qualquer filho, no entanto, você deve querer o melhor para ele. Não despreze uma ótima sugestão dada pelo cliente, só porque ele é "o cliente". Por estar em uma posição de distanciamento emocional com relação à ideia, ele pode ver alguns defeitos e descobrir alternativas surpreendentes, que você não via por estar preso a determinado caminho criativo. Sim, existem clientes criativos. E a função das reuniões é chegar a um consenso: o da melhor ideia para as duas partes. A melhor ideia para vender.

Também na apresentação do roteiro ao diretor, é interessante que haja um debate. O processo criativo do roteiro só acaba quando o filme é veiculado. Ao contrário do que ocorre com o cliente, porém, nessa etapa as discussões e possíveis alterações no roteiro são principalmente de ordem técnica. Com a equipe de produção você vai discutir figurino, iluminação, vai opinar sobre posições de câmera, casting, tipo de lettering. Você, como criador, e por saber o que o cliente espera, deve orientar a equipe para que o filme se mantenha em um caminho preestabelecido.

Muitos roteiros maravilhosos viram péssimos filmes. (O contrário é muito difícil de acontecer.) Essa reunião com a produtora é a fase da decupagem técnica, que será discutida posteriormente com maiores detalhes. Será a última vez, se tudo correr bem, que você mexerá no roteiro. Digo se tudo correr bem porque algumas modificações podem ocorrer durante a filmagem. Isso quando o cliente não quer mudá-lo até depois de pronto. São, porém, casos particulares e, por sorte, raros.

FORMAS DE APRESENTAÇÃO

Seu roteiro está pronto. As cenas, locuções, letterings, packshot, assinatura, o clima dramático, todos os elementos estão bem definidos, claros e escritos. Qual, no entanto, a melhor maneira de apresentá-lo para o diretor de criação? E para o cliente?

A forma de apresentação do roteiro nada tem que ver com sua estrutura dramática. Ela é apenas um estágio de descrição e redação do roteiro, mais ou menos detalhado, conforme sua função. Para apresentar um roteiro para seu diretor de criação, por exemplo, não é necessário o detalhamento por imagens, ou storyboard. Nem o cliente precisa de um roteiro decupado ou detalhado em cenas.

Modelo em texto corrido

Nesse modelo, o roteiro é escrito frase embaixo de frase, com imagem e áudio separados por parágrafos. É o mais comum de ser visto; por isso foi o utilizado no decorrer deste livro.

Recapitulando: separe cada cena por parágrafos, para facilitar a visualização. Pule uma linha entre os parágrafos (facilita a leitura). Escreva os nomes dos personagens em letra maiúscula e os diálogos em letra minúscula. Entre o nome do personagem e sua fala, dê um espaço duplo ou um *enter*. Faça o mesmo com a locução em off. A seguir, exemplifico com uma ideia que juntou dois personagens históricos da propaganda brasileira:

Agência: W/Brasil
Cliente: Bombril
Produto: Mon Bijou
Título: Fernandinho

https://goo.gl/b5FxWs

Em cena, o garoto Bombril.

GAROTO BOMBRIL: A senhora vai ouvir agora o depoimento de quem mais entende de camisa: o Fernandinho.

Entra o garoto-propaganda da US TOP, o Fernandinho.

FERNANDINHO: É, de camisa eu entendo, né? É por isso que lá em casa tem Mon Bijou. Só assim que as minhas camisas ficam macias, perfumadas e fazem o maior sucesso.

Os dois estão sorrindo.

GAROTO BOMBRIL: Viu? Use a senhora também. Mon Bijou tem dois perfumes: lavanda e floral. Bela camisa, hein, Fernandinho.

FERNANDINHO: Belo amaciante, hein, Carlinhos.

Corta para packshot.

LOC. OFF: Mon Bijou não é o único. Mas é o bom. É da Bombril.

Modelo em tabela

Um outro modelo, muito comum, costuma utilizar duas colunas: uma para a imagem e outra para o áudio. Coloque, em cada célula, a cena – ação – e o áudio correspondente:

Agência: W/Brasil
Cliente: Bombril
Produto: Mon Bijou
Título: Fernandinho

Imagem	Áudio
Garoto Bombril.	A senhora vai ouvir agora o depoimento de quem mais entende de camisa: o Fernandinho.
Entra o garoto-propaganda da US TOP, o Fernandinho.	FERNANDINHO: É, de camisa eu entendo, né? É por isso que lá em casa tem Mon Bijou. Só assim que as minhas camisas ficam macias, perfumadas e fazem o maior sucesso.
Os dois estão sorrindo.	GAROTO BOMBRIL: Viu? Use a senhora também. Mon Bijou tem dois perfumes: lavanda e floral. Bela camisa, hein, Fernandinho. FERNANDINHO: Belo amaciante, hein, Carlinhos.
Corta para packshot.	LOC. OFF: Mon Bijou não é o único. Mas é o bom. É da Bombril.

Você deve ter percebido um elemento comum aos dois roteiros: o cabeçalho. É interessante colocar sempre o cliente, o produto, a agência e o título do filme. Algumas vezes é aconselhável colocar também a duração do filme e a data de criação do roteiro.

Storyboard

Essa é considerada por muitos a melhor maneira de apresentar um roteiro ao cliente. O storyboard é como uma decupagem técnica do filme descrita por palavras e imagens, por meio de desenhos representativos de cada plano. É como uma história em quadrinhos resumida.

Por meio das cores, dos traços e movimentos das imagens do storyboard, o cliente pode ter melhor visão do filme, imaginando mais precisamente as cenas, o ritmo, o clima da narrativa. A apresentação é feita contando-se a história, lendo os diálogos, por exemplo, ou explicando-a com notas abaixo dos quadros correspondentes. É aconselhável, entretanto, que não se faça uma decupagem extrema. A função do storyboard, além de apresentar o roteiro, é fazer que o cliente sonhe em cima da ideia, completando-a, modificando-a, ampliando seus limites.

Agência: Lage'Magy
Cliente: AACD
Produto: Institucional
Título: Biblioteca

https://goo.gl/PrbUcZ

Ilustração: Jesus Dias (www.ilustraqaq.com.br)

O storyboard deve ser uma porta sempre aberta para a entrada do cliente no sonho, e não um labirinto, onde ele tanha de procurar uma fresta para entrar. O sonho seduz. Toda ideia que induz ao sonho seduz. Portanto, estenda um tapete vermelho para o cliente entrar em seu castelo de ideias chamado roteiro. Uma vez lá dentro, em um ambiente que você conhece – porque foi você quem criou –, é muito mais fácil vender a história e conquistá-lo.

Os storyboards, geralmente, são feitos com ilustração. Primeiro, contrata-se um ilustrador da preferência ou aquele que tenha o traço mais adequado ao tipo da ideia. O redator e o diretor de arte, então, se reúnem com ele e contam o roteiro, apresentam referências, explicam o clima do filme, dizem como imaginam algumas cenas, os personagens e o packshot. Aí é hora de o ilustrador criar e conceber o storyboard. Depois de aprovado pela agência, o redator coloca, ao lado de cada cena, descrições importantes como a ação, os diálogos e letterings. Só então o storyboard é apresentado ao cliente.

No Brasil, com o desenvolvimento dos *softwares* de computador e o surgimento de dezenas de empresas comercializadoras de imagem, a ilustração para storyboards vem perdendo mercado. *Softwares* constroem pessoas, animais e ambientes com relativa perfeição. Em algumas agências, já é comum montar storyboards inteiros apenas com fotos de bancos de imagem.

É o detrimento da qualidade da economia de dinheiro. Aos ilustradores que não trabalham em agências, resta reduzir o custo para atrair trabalho.

Atenção com os fotogramas. Eles não são storyboards, pois surgem só depois do filme. São a versão da cena filmada impressa.

Animatic e fotomatic

Animatic é um storyboard animado. Para realizá-lo, é necessário que se ilustre mais quadros do que um storyboard. É o mesmo princípio de qualquer animação: quanto mais quadros, melhor a cena fica. Os movimentos de pessoas ficam mais suaves, a história é contada com mais detalhes.

O fotomatic, por sua vez, é construído apenas com fotos de bancos de imagens. Sua concepção nem sempre é viável, pois depende muito de sorte ou de uma boa montagem de imagens, já que nem todas as cenas necessárias serão encontradas prontas, da maneira ideal.

Ambos os formatos, depois de animados, recebem locução off, trilha, packshot, tudo que for necessário para ficar o mais próximo possível do que será o comercial depois de filmado.

É esse formato de apresentação que, com o "monstro" (ver a seguir), mais tem chances de encantar o cliente e fazer com que um roteiro seja aprovado. Já presenciei casos de animatics tão bons que o cliente queria colocá-los no ar, ao invés de filmar o comercial.

Monstro

O monstro é mais uma forma de apresentação da ideia do roteiro e que vem sendo cada vez mais utilizada. Montado em programas de edição, ele é feito a partir de cenas já existentes, como de bancos de imagens e longa-metragens, ou de cenas produzidas sem todos os cuidados que se têm na produção do filme que vai para o ar. Sobre essas imagens, que tentam se aproximar daquilo que a agência imagina que seja o ideal, é colocada a locução, o packshot e uma trilha, que geralmente também já existe.

Por ser feito de um apanhado de coisas que precisam de direito de utilização, como trilhas e representação de atores, os monstros devem ser utilizados somente para apresentação privada ao cliente. Em nenhuma hipótese, nenhuma mesmo, eles podem ser exibidos para o grande público. A não ser, é claro, que você compre os direitos de tudo o que usar. Mas aí vai sair uma fortuna, certamente mais caro até do que a produção do filme. Quanto será, por exemplo, que Francis Ford Coppola cobraria por uma das cenas dos helicópteros do seu *Apocalipse Now*?

Mas não é sempre que vale a pena partir para a montagem de um monstro. Às vezes, ele é até inviável. Imagine um roteiro em que há três personagens mancos e vesgos conversando com um abacaxi de 3 metros e meio. Onde você vai achar essa cena? Esqueça a montagem, apresente o roteiro escrito ou um storyboard.

E o monstro também traz consigo outro risco: o de ficar, além de um monstro, um terror. Seu roteiro está redondo, a ideia é boa, está tudo bem amarrado. Só que você quer impressionar na apresentação, que é amanhã. Ou seja, quer fazer um monstro. Mas monstro feito em um dia quase sempre dá medo. Por mais que não seja o filme acabado, o monstro deve trazer o mínimo de bom gosto, de clima, de ritmo. Afinal, o único propósito para sua realização é ajudar a vender o roteiro. Então, cuidado. Monstros malfeitos aterrorizam todo mundo na reunião, assustam o cliente, espantam a verba, matam sua ideia e comem seu tempo. Isso quando não arrotam no final.

Decupagem técnica

A decupagem técnica só é feita quando o roteiro vai ser filmado. Ela é a sequência com diálogos e algumas indicações técnicas como ângulos das tomadas, eventuais movimentos de câmera, observações sobre iluminação. Cabe à agência e à produtora, no entanto, decidir se essa decupagem é necessária e, caso seja, o quanto ela deve ser precisa. Uma decupagem extrema, cheia de detalhes, deixa o diretor "amarrado", sem muito espaço para criar e extrair dos atores um algo a mais. Que às vezes, pode fazer toda diferença.

Conclusões

O que foi apresentado aqui não é uma fórmula para escrever o roteiro publicitário. É uma forma. A fórmula propõe uma direção de trabalho predeterminada e resultados que sempre acabam seguindo um modelo. A forma, ao contrário, pode ter variações de estilo, material, cor, textura, etc. Longe de ser uma camisa de força, ela é apenas a espinha dorsal de um trabalho. No caso do roteiro, é a organização de incidentes e técnicas que levam à sua estrutura dramática, com início, meio e fim.

O bom roteiro para filme publicitário não depende dos métodos utilizados em sua elaboração. Mona Lisa, David ou a Capela Sistina não se tornaram famosos apenas por causa das técnicas utilizadas em sua construção. O que faz dessas obras reconhecidas obras-primas é, principalmente, o resultado final: a harmonia das cores, a textura, a perfeição dos detalhes, a mensagem. Da mesma maneira, o que faz um roteiro brilhante não é seu processo de elaboração. É a ideia, os diálogos, a trama, sua força persuasiva e emotiva e seu talento para vender.

Primeiro a agência. Depois, o cliente. Por fim, o espectador. O bom roteiro com comercial eficiente, não perdoa ninguém. Ele atrai, seduz, conquista. No fundo, no fundo, todo bom roteiro tem a mesma conclusão: virar a cabeça do consumidor.

Fique à vontade para não seguir nada do que eu disse sobre a construção do roteiro. Inventar é romper com as regras. Tente, porém, manter uma certa disciplina, nem que você crie seu próprio modelo de construção do roteiro. Como artista, você deve criar. Como profissional, no entanto, deve manter os pés no chão. E lembre-se da introdução deste livro: a teoria é importante, mas aprender de verdade, só com a prática. Crie muito. Roteirize muito. E boa sorte na filmagem dos seus roteiros. Luz, câmera, criação!

Glossário

Tão importante quanto buscar referências é conhecer a linguagem que está por trás delas. Tão importante quanto pensar no tempo do filme, é pensar no prazo que você, criativo, tem para entregar o job . Assim, coloco aqui um resumo dos termos técnicos utilizados neste livro e ainda apresento outros que lhe tornarão a linguagem cinematográfica mais familiar, além de fazer você escrever roteiros de modo mais objetivo, profissional e rápido. Não é necessário decorá-los. A prática vem com o treino. Com o roteiro.

Ação direta: roteiro que obedece à ordem cronológica.

Ação: termo usado para descrever a função do movimento que acontece diante da câmera.

Argumento: resumo contendo as principais indicações da história, localização, personagens. Defesa da história.

Assinatura: o slogan do produto/marca.

Áudio: porção sonora de um filme.

BG (background): quando o áudio vai para segundo plano.

Brainstorm: tempestade de ideias. Quando o criativo deixa fluir a imaginação e coloca para fora todas as suas ideias. Boas ou ruins.

Break: na tevê, o intervalo comercial.

Câmera subjetiva: câmera que funciona como se fosse o olho do ator.

Casting: elenco de atores.

Cena: unidade dramática do roteiro, seção contínua de ação, dentro de uma mesma localização.

Claquete: quadro usado para marcar cenas e tomadas.

Clichê: cacoetes verbais, visuais ou auditivos.

Clímax: sequência mais dramática e decisiva de um roteiro.

Clipe: mudança rápida de cenas.

Close up: plano que enfatiza um detalhe.

Composição: características psicológicas, físicas e sociais que formam um personagem.

Conflito: embate de forças e personagens, por meio do qual a ação se desenvolve.

Contraste: diferenças explícitas na iluminação.

Corte: passagem direta de uma cena para outra.

Decupagem: detalhamento do roteiro.

Epílogo: cenas de resolução.

Espelho: página do roteiro que traz informações como personagens, locações, etc.

Fade in: imagem emerge da tela escura para a tela iluminada.

Fade out: tela escurece gradualmente.

Flashback: cena ou cenas que remetem ao passado.

Fusão: fusão de duas imagens, a primeira sobrepondo-se à segunda.

Insert: em termos narrativos, imagem rápida que antecipa um fato.

Job: trabalho, projeto.

Lettering: letreiro.

Loc. off: quando o locutor da narrativa não aparece no vídeo.

Localização: onde a história acontece.

Locução: voz explicativa ou narrativa, sem emissor aparente.

Meio: como a mensagem é transmitida.

Monstro: "rascunho" do filme. Montagem eletrônica feita somente para apresentação, e não para veiculação.

Off: vozes ou sons presentes sem se mostrar a fonte emissora.

Off-camera: diz-se de algo que não é mostrado no vídeo (em off).

On-camera: algo que é mostrado, que acontece em frente às câmeras.

Overpromise: promessa exagerada, que não se sustenta.

Packshot: imagem do produto.

Panorâmica: câmera que se move de um lado para outro, dando uma visão geral do ambiente.

Plano médio/Plano americano: mostra uma pessoa da cintura para cima.

Plot: conflito do roteiro.

Ponto de vista: câmera situada na mesma altura do olho do ator.

Quick motion: movimento acelerado.

Raf/rough: rascunho.

Recall: índice de lembrança que o target tem de uma peça publicitária.

Ritmo: harmonia.

Rubrica: toda informação anotada no roteiro para orientar o trabalho da produtora.

Script: roteiro quando entregue à equipe de filmagem.

Sequência: uma série de cenas.

Set: local de filmagem.

Sinopse: narração breve.

Slow motion: câmera lenta.

Split screen: imagem partida na tela, mostrando dois acontecimentos separados ao mesmo tempo.

Spot: peça publicitária eletrônica, para televisão ou rádio.

Story line: síntese de uma história.

Storyboard: representação visual do roteiro, demonstrando as principais cenas ou tomadas.

Take: tomada; começa no momento em que se liga a câmera, até que seja desligada.

Target: público-alvo, a quem uma campanha ou um produto se destinam.

Teaser: peça de apresentação de campanha em que a marca ou o produto não são identificados para gerar suspense e aumentar o impacto da campanha.

Temporalidade: localização de uma história no tempo.

Travelling: câmera em movimento, acompanhando personagens ou veículos.

Trilha: longa pontuação musical.

Vinheta: curto trecho musical ou visual.

Zoom: efeito ótico de aproximação ou distanciamento do objetivo.

Bibliografia

Aristóteles. *Arte retórica e arte poética*. Rio de Janeiro: Ediouro, 1967.

Barthes, Roland. *Análise estrutural da narrativa*. Petrópolis: Vozes, 1973.

Bordwell, David. *Narration in the Fiction Film*. Londres: Methuen, 1985.

Carrascoza, João Anzanello. *Razão e sensibilidade no texto publicitário*. São Paulo: Futura, 2004.

Chion, Michel. *O roteiro de cinema*. São Paulo: Martins Fontes, 1989.

Clube de Criação. *Anuário de Criação*, n°s 29, 30, 31, 32. São Paulo, 2004, 2005, 2006 e 2007.

Field, Syd. *Manual do roteiro: os fundamentos do texto cinematográfico*. Trad. Alvaro Ramos. Rio de Janeiro: Objetiva, 1995.

Gage, Leighton David & Meyer, Claudio. *O filme publicitário*. São Paulo: SSc&B – Lintas Brasil, 1985.

Gater, Dilys. *How to Write a Play*. Londres: W. H. Allen & Co. Pic., 1990.

Imoberdorf, Magy. *Tudo o que você queria saber sobre criação e ninguém teve paciência para explicar*. São Paulo: Atlas, 1985.

MACLUHAN, Marshall. *Os meios de comunicação como extensões do homem*. São Paulo: Cultrix, 1969.

MCMAHAN, Harry Wayne. *The Television Commercial*. Nova York: Hasting House, 1957.

MENNA BARRETO, Roberto. *Criatividade em propaganda*. Rio de Janeiro: Documentário, 1978.

NACHMANOVITCH, Stephen. *Ser criativo: o poder da improvisação na vida e na arte*. Trad. Eliana Rocha. São Paulo: Summus, 1993.

REVISTA *Mercado Global*, n° 101. São Paulo, 3° trimestre de 1996.

REY, Marcos. *O roteirista profissional: televisão e cinema*. São Paulo: Ática, 1989.

Índice geral

Analise seu roteiro 131
Animatic e fotomatic.. 142
Assinatura... 124
Bibliografia... 155
Briefing (O) 30
Cena 88
Cliente (O) 33
Clima 78
Conclusões.. 147
Conflito/plot 57
Credibilidade 76
Decupagem técnica.. 144
Dedicatória 9
Descrição de detalhes... 82
Desejo 74
Diálogos 97
Emoção 72
Estilos de realização 44

Estrutura 55
Etapas na construção do filme publicitário 22
Filme publicitário (O) 17
Filme publicitário como ferramenta de marketing –
    da tevê à internet (O) 18
Finalizando 131
Flashback 115
Formas de apresentação 135
Gêneros 43
Glossário 149
Ideia (A) 47
Impacto 66
Impacto pela história 68
Impacto pelas inovações do meio 71
Impacto pelo formato 67
Introdução 11
Lettering 109
Localização 94
Locução 104
Meio – tevê, cinema e internet (O) 39
Modelo em tabela 138
Modelo em texto corrido 136
Monstro 143
Narrador 104
Nota do editor 7
O que é roteiro? 23
Orientado para a história 46
Orientado para a técnica 47
Orientado para o indivíduo 45

Orientado para o produto 46
Packshot 123
Passagem de tempo 112
Personagens 85
Ponto de virada 61
Preparando-se para começar 27
Produto (O) 35
Referências 116
Ritmo 77
Roteiro e seu contexto (O) 17
Roteiro: tarefa do redator, do diretor de arte ou da dupla? 27
Roteirizando 43
Ruídos 114
Seleção de sinopses 52
Sinopse 50
Solução 64
Storyboard 139
Target (O) 37
Tempo 125
Temporalidade 113
Trilha 119
Últimas alterações 133

Este livro foi composto com as fontes Zurich BT e ITC Novarese BT,
impresso em papel offset 90 g/m² no miolo e cartão supremo 250 g/m² na capa,
nas oficinas da Intergraf, em agosto de 2015.